2.2坪の魔法

森田 隼人

ダイヤモンド社

はじめに

この本を手にとっていただいてありがとうございます。タイトルの「2・2坪」というのは、私が経営する焼肉屋「六花界《ろっかかい》」の実面積です。東京・神田駅の東口から徒歩30秒。飲食店がひしめくサラリーマンと金融の街「神田」のガード下に、2・2坪の焼肉店を作りました。

2・2坪というのは約7・2㎡で、つまり4畳半程度のスペースです。この四畳半の中に、厨房《ちゅうぼう》もトイレも客席も全部ある、めちゃくちゃ狭いお店です。

このめちゃくちゃ狭い空間の真ん中には、大きいテーブルが一つ。このテーブルをお客様が囲います。座席は作れないので、立ち食いスタイル。ドリンクも種類をたくさん置けないので、メインは日本酒。さらに、肉を焼く七輪は4つだけ（現在は2つだけ）なのでお客様同士で共有してもらいます。

モクモクの煙の中、男女が混じって酒を飲み、肉を焼き、食べる。見知らぬ人同士が一つのテーブルを囲み家族のように団欒《だんらん》をする。他にはないプレミアムな体験ができる新しい焼肉屋です。

どうですか？　画期的でしょ？（笑）
でも、僕のこの構想は見事に誰からも応援していただけませんでした。

「2・2坪？　やめとき！　無理無理！　そんな狭い飲食店ないもん！」

「知らない人と七輪共有？　焼肉と日本酒？　無茶苦茶じゃん！」

「立ち食い焼肉？　なにそれ!?　潰れる店なんか工事もしたくない！」


……誰に話しても否定の言葉ばかり浴びせられる毎日でした。

そんなお店「六花界」がオープンしたのは、12年前の2009年7月。お祝いのお花もなく、ひっそり一人でオープンをしました。

この場所は、元々は金券ショップでした。新幹線やコンサートの格安チケットなどを販売している、あの金券ショップ。中国人経営の、カウンター一つしかなかった激セマ金券ショップを改装し、「立ち食い焼肉屋」に作り替えたのです。


実は僕、理系です。国家資格を有している建築家です。さらに元公務員で、元プロボクサーでもあります。そのためお店の設計も自分で行ったのですが……このあたりの話は追い追いさせてもらうとして、とにかく飲食のプロではまったくなかったんです。

そんな経歴の人間が、経験したことのない焼肉屋を開くと言いだし、しかもそれが「東京最小」の立ち食い焼肉なわけですから、受け入れられないのは当然だったかもしれません。

しかし、そんないわくつきだった焼肉屋は、毎年お客様が途切れることなく、ありがたいことに開店12周年を迎えることができました。現在では六花界を含め、都内6店舗に。最小2・2坪から最大150坪まで、それぞれ異なったコンセプトを持つお店としてお客様に支えてもらっています。

その他の活動にも力を注いでおり、熟成《じゅくせい》肉や発酵《はっこう》調理技術の研究開発、世界を移動しながら醸造した日本酒の製造、自社ブランド和牛の育成やゲノム編集など、分野を横断したプロフェッショナルの方々と新しいことにチェレンジしている最中です。


この本では、どうして元公務員が焼肉屋を立ち上げようと思ったのか？　何を考えてお店をやっているのか？　何をしようとしているのか？

六花界を立ち上げるまで、立ち上げてからの話はもちろんのこと、今取り組んでいること、未来に向けてやっていきたいことなど、現段階での僕のすべてを曝《さら》け出しています。

飲食店の経営という枠組みの話だけではなく、挑戦するすべての人にこれからの時代のキャリアの作り方、新しいアイデアを実現するのに必要なことなども伝えたいと思っています。

というのも、この本を書き始めたのは２０１９年、まだ新型コロナが蔓延する前でした。飲食店は東京オリンピックを控え、これ以上にないほど活気づいており、日本が誇る食材は、来日してくださる皆様に向けて、さまざまな角度から準備がされていました。

しかし、すべての思惑は崩れ去りました。

新型コロナは人々の行動を制限し、蔓延防止の名目で夜の街問題から飲食店の営業活動を制限されるまでに至りました。そしてとうとう緊急事態宣言が発出される戦争状態になり、酒類販売までできなくなる状況が何カ月も続き、生産者を含めて、飲食店は極限状態を体験しています。食べることの意義、食事のあり方、食材の命、本当に見直すべき大切な時間を過ごす機会となりました。

飲食店を志した人間がたくさん辞めてしまった時期でもありました。

僕の経営するお店も影響を受けましたが、本当にありがたいことに、このような状況でも特別な経営戦略のため、お客様が途切れることはございませんでした（コロナ禍のため、本書で書かせていただいているお客様との密なコミュニケーションの取り方も、カタチをかえ感染対策を考えたうえで行ってきました）。

このコロナ禍の中、生き延びて成長できた店は、決してデリバリーやテイクアウトを専門にした店だけではなく、お客様に支えられ、新しいことにチャレンジを続けた店です。そして常に新しいことにチャレンジしていくという考えは、どんな時代でも変わらず必要なのではないかと思っています。

本書は、全部で7章構成になっています。

まず第1章では、六花界という、2・2坪しかない元金券ショップの極狭用地でお店を作るために僕が実践してきたこと、考えてきたことを書いています。

第2章では、六花界から生まれた新しいコンセプトのお店やプロジェクトと、どうしてそのようなことを考えたのかをお伝えしています。たとえば「紹介会員制」「女性限定」「日本酒飲み放題」「料理とプロジェクションマッピングの融合」「階級制度レストラン」「研究所設立」「牧場運営」「世界最高額の日本酒」など。それらのコンセプトがどう生まれ、何を狙ったものだったのか、その秘密を書きました。

第3章は、経営者としての哲学について。六花界グループの経営で大切にしていること、学んできたこと、これからやろうとしていることなどを紹介します。どんな商売にも通じるようなヒントを伝えられればと思います。

第4章は、キャリアや人生観、日々の習慣について。実は僕は元建築家、元プロボクサー、元公務員でもあり、そうしたパラレルキャリアを通して気づいたことや、大切だと思う習慣や考え方を書いています。

第5章は、シェフの哲学。30歳まで料理未経験だった僕が、料理のプロになろうとして学んだことや葛藤《かっとう》、挑戦について赤裸々《せきらら》に書かせていただきました。

第6章は、人間関係の哲学。六花界という特殊な業態だからこそわかったコミュニケーションの取り方や、僕が経営をする中で意識的に行っていることをまとめています。

最後の第7章は、予期せぬコロナ禍で僕が始めた「旅スル和牛プロジェクト」と、そこから学んだことを書きました。命とは何か、僕が12年間六花界の経営を通して感じてきたことへの一つの答えともなっています。


六花界12周年という節目を迎え、僕の現段階でのすべてを思う存分、フルヌードで表現させてもらいました。

こんな状況だからこそ、「今までと同じ」ではなく、チャレンジしていくことが本当に重要であり、僕たち一人ひとりが主体的に考えていく必要があるのではないでしょうか。

そんな思いを込めて書いています。これからの人生でなにかを突破していく時の一助になれましたら、この上なき喜びです。

2・2坪の魔法◎目次

第1章 やりたいことだけをシンプルに詰め込んだ2・2坪
~小さなお店が繁盛店になった17の具体的考え方

第2章

2・2坪から150坪への哲学

第5章

シェフとしての哲学

第6章

人間関係の哲学

第7章 コロナ禍の新たな挑戦「旅スル和牛」

第1章

やりたいことだけをシンプルに詰め込んだ2・2坪

~小さなお店が繁盛店になった17の具体的考え方

001

2・2坪、家賃25万円の物件をあえて選んだ理由

12年前、2・2坪の立ち食い焼肉店「六花界《ろっかかい》」は、オープンしました。それから毎年変わらず、年間1万2000人以上の方々にお越しいただいています。

ですが「はじめに」でお伝えしたように、「そんなもんうまくいくわけがない」というのが多くの方々からの率直な意見でした。

そもそも、なぜ僕が2・2坪の店を選んだのかというと、**他に候補がなかったからではありません。他にも候補がある中、ここが最高だと思った**のです。

当初、店舗の物件を決めるにあたって内覧した物件は3件でした。

①池袋駅北口徒歩3分、5坪の路面店で15万円

②神田駅南口徒歩5分、10坪18万円

③神田駅東口徒歩30秒、2・2坪25万円

この3件です。みなさんならどこを選ぶでしょうか?

利益のことを考えると、「立地」と「広さ」と「坪単価」の兼ね合いで考えるべきです。とすると、①か②かで迷うのがふつうで、③の2・2坪で25万円というのはまず選択から外す人が多いかと思います。別のエリアでもっと物件を見ようと考える人もいるでしょう。

でも僕は、迷わず③の2・2坪25万円の神田駅近の物件を選びました。

僕がとにかく重視しているのは立地です。

自分の考えるお店を実現するには、何より「駅近」が必須だと考えました。神田駅のランドマーク的存在で、明らかに目に付く異空間でなければならなかったのです。駅から離れれば離れるほど家賃は安いけど、それはしませんでした。

僕は、お客様の時間を大切にしたいと常々考えています。

「駅から一瞬でたどりつける場所」であることが大きな価値であり、もし六花界が今の場所より3分遠い場所にあったら、その価値は一気に減ります。そして、来ていただく方々の時間を奪ってしまいます。

仮に3分遠ければ、1万人で片道3万分、往復6万分のお客様の時間をお店に来るために奪ってしまうことになります。

移動にかける時間はムダです。移動には大なり小なりストレスが発生しますから。つまり、移動にかける時間を短くすればするほど他のことに使える時間が増えますよね。

僕の経営する六花界グループは全6店舗とも駅から徒歩3分以内、従業員も移動時間が短いです。

ともかく、こうして何を一番大切にしたいかがはっきりしていると、迷いません。何十件も内見せずとも「これ！」という条件に合った物件があれば決めることができるのです。

この1章では、このような僕が六花界というお店をやるために大事にしていること、その過程で学んできたことを紹介していきます。

002

繁盛店のメニューはシンプルで、なぜか「いつも同じ」である

六花界は、立ち食いの焼肉屋です。

僕は昔から、この「立ち食い焼肉屋」というのをやってみたくて仕方ありませんでした。立って食べる文化は江戸時代に遡《さかのぼ》ります。諸説ありますが、もともとは屋台文化の商いで、明暦《めいれき》の大火（1657年）からの街の復興で労働者の集まる場所で蕎麦《そば》や江戸前寿司を立って食べたことが始まりでした。

このスタイルは大阪にも派生し、うどんだけでなく、串カツにも浸透します。ですから、立ち食いというのは文化としてまったく珍しくないものなのです。

しかし、牛肉の場合は終戦まで禁制品でもあり、最近まで「焼肉」という文化自体がありませんでした。牛肉はいつでも食べていい食材ではなかったのです。

牛肉は希少品・高級品でもあり、また立ったまま食べるのでは衛生上問題があるので、着席してお客が自分で焼くスタイルが定着し、世の中はいわゆるロースターを家族で囲む

焼肉店であふれることになります。これが焼肉店の始まりで、日本に浸透していきました。

では、立ち食いの焼肉屋が一切なかったのかというと、実は、あるところにはありました。

戦後、闇市や屠畜場《とちくじょう》の付近で屋台やベニヤ板に直接七輪を置いて、立ったまま内臓を提供するバラックスタイルが存在していました。ひっそりと営業し、法律的には屋台に近い営業形態だったのです。

この「バラック焼肉」のことは、父から聞きました。「おもしろかった。何軒かあったな。でも潰れた。俺が建築士やってなかったら、この商売やりたい。でも無理や。まぁもしお前がその秘密を論理化できたら流行るかもな」と。

まだ僕が公務員だった時代、その話を聞いて頭の先から体中に電気が走りました。「おぉ！　それおもしろい！」と。そのバラック焼肉にとにかく行ってみたいと思ったのですが、どこをどう調べても世界中どこにもない。やってみたい。

「ならば、自分で作るしかない！」と、なぜか強烈に思ってしまったんです。商売の可能性を感じた瞬間でした。

つまり、このバラック焼肉こそが、六花界の原型です。どうすれば世の中からなくなった「立って焼肉をする【六花界の構想】」を成り立たせることができるのか？　肉の仕入れは？　お店の場所と規模は？　料理は？　そこから焼肉屋を開くための準備を始めました。

しかし、いざ焼肉屋を始めようと思って調べてみると、牛肉にまつわるブラックボックスの多いこと多いこと……。たとえば「屠畜って誰がやっているの?」とか、「内臓と牛肉って仕入れは違うの?」とか。「そもそも牛って一頭いくらなの?」とか。誰も教えてくれなかったことばかりだったのです。

いったい何から始めようか……いろいろ考えた結果、まずは東京の繁盛店を徹底的にモニタリングしてみることにしました。

当時、グルメのまとめサイトは少なかったので、自分の足で人気店に通っては隣に座ったお客様からの生の情報を集め、ブログや雑誌で話題になっている理由や長年続いている理由、看板メニューなどの情報を片っ端から蓄積していきました。

その中で、比較するデータを3つに絞ったのです。

①1回の食事で2000円~3000円を払うお客様が、感動した時の理由

②駅からの立地による来店頻度の影響

③店のコンセプト、料理の提供方法、サービス

これらに軸を置いて、さらにたくさんのお店を調べていこうと考えました。

僕が特に重視したのは、「焼肉以外の老舗の料理店」でした。人気の老舗焼肉店とはあえて比較しませんでした。

というのも、既存の焼肉店のマネでは絶対にダメだと思っていたからです。マネできるものは、すぐまたマネされてしまいます。だから、必然的に既存の人気焼肉店以外でのリサーチが多くなっていきました。

そうして調べていくと、（焼肉店以外で）長年続いている繁盛店・話題になっているお店には一つの共通点があると確信しました。

それは、極めて「シンプル」であることです。

たとえば、**焼肉以外の繁盛店のおすすめメニューはいつも「同じ」でした**。メディア側も紹介する時は決まって看板メニューを紹介します。一店舗で何種類ものメニューがメディアに取り上げられることはありません。

僕自身が「行ってみたい」と感じた店の内装はどこもとてもシンプルで、掃除が徹底されていました。余計な接客もありませんでした。

大事なのは、何をつけ足すかではなく、何を残すか決めて、それ以外は潔く捨てることだったんだと気づいたのです。

では、どうしてみんなシンプルなんだろう？　と考えていくと、あるアイデアに行き着きました。それは、「素人精神」の有無です。

そもそも繁盛店をやっている方たちも、決して元々プロではなかったはずで、誰もが最初は素人だったはずなのです。

では、その分野のことがわかっていない素人にできるのは何かというと、何よりもしっかりとお客様の声を聞くこと。ある意味、「自分は素人だから」と割り切って、お客様本位になれるからこそ、シンプルなお店を作ることができたのではと思ったのです。

つまり、「プロの素人」とでも言うのでしょうか。自分はその道では素人だという認識があるからこそ、より本質的なお客様目線で考えることができ、余計なことを捨てられると思ったのです。

実際、さまざまなお店をリサーチしていく中で、「ただの素人」は情報をすべて取り入れすぎて、コンセプトもメニューもブレブレになり、結局何のサービスをやりたいのかわからなくなってしまうパターンがよく見られました。他人やコンサルの考え方をとにかく取り入れようとするのですが、結局自らが経営のプロではないので失敗するのです。

一方で、一流店で修業した料理人が飲食店を作って失敗する例も見てきました。料理の腕がプロでも、経営が素人の「経営素人のプロ料理人」のパターンです。

実はこれは、「ただの素人」より結果が厳しいようでした。新しい経験を学ぼうとせず、幅広い考え方とデータを取り入れることに拒否反応を示す方もいました。

このあたりは、建築家をやっていた時の経験が大きく役に立ちました。自分が設計したお店には潰れてほしくないので、飲食店のデザインや経営については広く勉強していたのです。だから、料理が美味しいからといって、必ずしも飲食店は成功しないことも知っていました。

こうしてリサーチをしていき、たどりついたのは、こんな結論でした。

「徹底した仕入れをして、最高に上質な焼肉を食べて『安いな』と思っていただいて、雨の日でも濡れずに来られるくらい利便性が高くて、他にない店の設計だけど、サービスが最高に良い店」

これだったらイケる！　と思いました。

逆に、それ以外の要素は徹底的に削ぎました。席をなくし、設備もなくし、メニューも最小限にし、マニュアル的なサービスもなくし、世の中の流行りも、常識と言われていることも無視して、２・２坪という空間をいかにシンプルに、コンパクトにまとめ、それでいてインパクトがあるかということだけ考えました。そうしてやりたいことをつなげていった結果完成したのが、２・２坪の立ち食い焼肉屋である「六花界」なのです。

003

お肉もシンプルに。塩も胡椒もタレもつけないようにした理由

コンセプトに沿わないムダなことは一切捨てることを決めましたが、それはメニューやお肉にも通じることです。

六花界ではお肉に味付けをしていません。

下味の塩胡椒《こしょう》すらしていない。本当の意味で「ただの焼肉屋」です。

僕が知る限り、ほぼすべての焼肉屋さんではもみダレなどで下味をつけた状態で提供し、お客様自らが肉を焼き、つけダレをつけて食べます。もはや肉質など二の次で、タレの味と食感が勝負になっていることも多々あります。

事実、肉に軟化剤を使っているところもあると、たまに聞きます。みなさんが最初に焼肉屋さんで頼むであろう「タン」などは、もはやポテトチップスのような加工がされています。もし機会があれば、焼く前に表面を触って舐めてみてください。うま味調味料と呼ばれるグルタミン酸ナトリウムの味でいっぱいになるはずです。

冷凍したお肉のドリップと臭みを隠すために、ニンニクダレを使う店舗も少なくありません（ただ、この文化は昔からの焼肉の知恵で、僕自身は嫌いではありません）。

六花界で僕たちが調味料で下味をつけないのは、牛の命を大切に想っていることと肉質と鮮度に自信があるのはもちろんですが、東京・神田という立地にも関係しています。

六花界は、サラリーマンの街・神田にあります。タレづけしたお肉を焼くと、揮発した匂いがスーツに付着してしまい、なかなかとれません。煙モクモクの狭い店内ならなおさらで、網もすぐに焦げついてしまいますし、しょっちゅう交換しなきゃダメになり、ロスも大きい。

たしかにタレづけのお肉は瞬間的な満足度は高いのですが、次の日は塩分や糖分で胃がもたれやすく、むくみやすくなります。

僕は、六花界には気軽に毎日でも食べに来てほしかったので、タレをつけてお肉を出すよりも、新鮮なお肉を素材の味そのままに、さっぱり自家製ポン酢で食べてもらう「六花界スタイル」を考えました。

驚いたのは、自信のあるお肉をシンプルに提供していると、お客様の好みもシンプルになるようで、「せっかくいいお肉だから塩で食べたい」と、海外旅行などで買ってきたお塩を持ち込まれるお客様もでてきたことです！

知らないうちに六花界には見たことのない高級塩が増えましたが、これらは全部お客様のお土産です。見たことのない国の特殊な塩まで時々いただきます。

めちゃくちゃ美味しくて、「これ仕入れたいなぁ……」と気持ちが揺らぐこともあります。お客様同士でシェアリングする塩は、ちょっとした見本市みたいで、最近はお客様がご自身でカスタマイズしてお好みの食べ方で楽しんでおられます。

六花界の一番の調味料、何よりそれは「六花界の空気感」だと思っています。

004

素材の源流まで遡って考えさせられた仕入れの大切さ

どんな業態においても、仕入れは生命線です。サービスにしても情報にしても商品にしても、売るものにどれだけの鮮度と価値があるかが大切になります。

六花界を始めようとした時、2・2坪の焼肉屋なんてどこにもなかったので（今もないけど）、仕入れ業者にはキワモノ扱いをされて、どこも相手にしてくれませんでした。「立ち食い焼肉」という前例のないビジネスプランで利益が出るかわからない。「すぐ潰れるかもしれないのにお肉は卸せない」と言われました。

当時はまさに平成大不況。信用もない小さな焼肉屋は、いつ潰れるかもわかりません、お金の回収が困難になる可能性が高いから「商品を卸せない」という判断は当然かと思います。

ここで少し興味深いお話をしたいと思います。

一般的な食材の仕入れのシステムでは、「鮮度が悪くなるほど値段が高く」なります。

野菜で言えば、育てている畑に行って、もぎとって食べた野菜が一番安くて美味しいのです。ところが、そこから間に業者が入って見た目を選定したり、仲介料金を取るシステムがあるから、だんだん人の手が入り値段が高くなります。同時に鮮度も落ちるのです。めっちゃおもしろくないですか？　変な話だなぁと思うかもしれないですけど、それが一般的なんです。だから反対のことをいえば、安く美味しいものを仕入れたいと思ったら、生産現場を押さえるのが一番良いのです。

もちろん、仲介業者が存在する理由も当然あります。商品を一括しストックして配送していただけるのは便利です。こうした商社から仕入れることが中規模までの飲食店では一般的なので、仕入れの源流に到達するのは簡単ではありません。

それではどうすれば、源流から仕入れることができるのでしょうか？

僕の仕入れの話をさせてください。

熊本に田中健司さんという牛飼いの天才がおり、彼の牧場と私たちのブランド牛「もりたなか牛」は種付けから出産、食べるエサまで管理をして、できあがるお肉のクオリティーを最上級に保つことができています。今となっては血統まで把握し、発育の状態や肥育についても勉強し、競り市にも通うようにもなりました。

しかし六花界を始めようとした時には、牛の仕入れどころか、牛の種類すらわかっていませんでした。地図で「牧場」と書いているところを探して原付バイクでいきなり訪ねて、「すみません！　この牛ください‼」とお願いしたこともありました。

「え？　何にするんですか？」と聞かれ、「焼肉屋やりたいんです！」と言ったら、「いや、無理です！」の一点張り。

1時間延々と熱弁を振るってお願いしたのですが、それでも仕入れをさせてもらえません。だんだんイライラしてきて「どうして売ってくれないんですか⁉」と半ば詰め寄るようにお話をしたら、

「買ったところで、どうやって持って帰ってお肉にするの？」

と言われました。

その牛、実は「乳牛だった」んです（笑）。

今でこそネットで「肉問屋」と調べたら簡単に出てきますが、当時はインターネットの情報も今ほど多くはなかったのです。

とにかく安くて良いお肉がほしかったので、牧場の人に半ベソ状態で、「じゃあどこだったら牛が買えるんですか⁉」と聞いたところ、全国から牛が運ばれてきて、お肉にする

場「屠畜場」というものがあることを教えていただきました。そして屠畜場は東京にもあることがわかったのです。

それが東京都中央卸売市場食肉市場です。

しかし、ホームページを見ても何にも書いてなくて、「肉の仕入れはこちらへ」とか、期待していた情報がまったく何にも書かれていません。

唯一、「牛のトレーサビリティーシステム（牛が産まれてから店頭に並ぶまで後追いできる仕組み）」については、少し書かれていました。

牛は産まれると10桁の個体識別番号を与えられます。それを家畜改良センターのホームページ画面に入力すると、肉の等級や血統などの情報が出てきたりはするのですが、それは僕がほしい情報ではありませんでした。

仕方ないので、とりあえず食肉市場がある芝浦に行ってみると、「一般の方は立ち入り禁止です」と警備員さんに言われて追い返されます。

そのため今度は、日本中の卸売市場に電話してみました。福島、大阪、福岡、鹿児島……とにかく片っ端から電話したんです。そして、あることを教えてもらいました。

「お兄ちゃん、知らんかもしれへんけど、一般の人は肉を買われへんようになってるんやで」

「え？　そうなんや？」

それまで、誰も教えてくれなかったことでした。学校でもまったく習わなかったし。

調べてみると、芝浦の食肉市場はまた特殊で、牛が屠畜された枝肉を買える業者は、仲卸業者の認定があって、当時は12社と関係会社の人しか認定されていなかったのです。

とにかく安くて鮮度のいいお肉がほしかった僕は、何とかその12社のいずれかの業者と共同で牛を買わせてもらえないかと芝浦に通いました。「一緒に一頭買いをすればいい」と思ったのです。無知ってすごいですよね。

僕はとにかく毎日毎日、芝浦に通いました。

まず、浅草の舟和で「いもようかん」を買い、正面からは入れないので、裏側からこっそり入って、警備員さんに手土産を渡しながら「ちょっとお願いします」と言ってみたり、始発電車に乗って市場に出勤する人に声かけたり。考えつくことは何でもやりましたが、何度も何度も断られていました。

ところが10日ほど経ったある日、根負けしたのか、「見学」という名目で入れてもらうことができたのです。

市場の中に入ってみると、屠畜場や牛の収容施設、事務所や業者各々の大きなコンテナがあり、ビルの各階に仲卸業者が数社入っていました。

僕はそのドアを一つずつ叩いて回りました。

「お肉を仕入れさせてもらいたいんですけど……」

しかし、「一般人はここ入ったらダメなんだよ」という返事ばかり。

あきらめかけた頃、たった1社だけ「話、聞いてあげるよ」と言ってくれたのが業者のSさんでした。これまでの経緯をすべて話し、「仕入れをさせてもらえないでしょうか？」とお願いしたところ、こう言われました。

「それはムリだね。俺たちは昔からこういう取引をしている。君が仕入れることのできる小売業者を紹介してあげるから、そこから買いなさい」

愕然《がくぜん》としました。さらに、こうも言われました。

「2・2坪なんて狭いところで焼肉屋をやるのなら、枝肉で買ってもそんなに売れるわけがないし、買ってもムリだよ」と。

闇雲《やみくも》に動いたら本当に闇だった……と落胆しました。

そのあと小売業者の値段をいろいろ調べてみたら、やっぱり自分が思っている値段よりも1・3倍くらい高いのです。

そこで、もう一度芝浦へ行き、Sさんに、

「やっぱり仕入れさせてください。調べたら、単価が高いんです。僕が思っている金額の

1・3倍くらいします。お願いします！」

と、頭を下げましたが、もちろんムリでした。

それから再び、浅草で「いもようかん」を買って、芝浦へ通う日々が続きました。その頃にはすっかり警備員さんとも仲良くなり「お兄さん、今日はうまくいった？」「いや、ダメでした」という会話が続くようになっていました。

そんなある日、ふとSさんが、「なんで焼肉屋をやりたいんだ？」と聞いてくれました。

「はい。僕は、大阪から東京に出てきて、裸一貫で何もありません。公務員もやめてしまいました。飲食店をやりたいのですが、料理の修業している時間もないし、焼肉屋がやりたいんです！」

と答えたら、「修業しなかったら、飲食店の経営はできないよ。やったことない人間にできるわけがない。こんなに難しい業界はない。店はどんどん潰れていってるんだぞ」とSさん。

長時間にわたり、まるで圧迫面接のように立て続けに質問が続きました。

「僕は、小さい店で一人でやってみたいんです。自分が思い抱いているアイデアを試してみたいんです。気軽に立って焼肉を食べる楽しい世の中を作りたいんです！」

すべての思いを伝え続けました。

Sさんは少し黙ってから、静かに「お前、明朝6時に来れるか?」と僕に聞きました。

「はい、わかりました。必ず行きます」と答え、翌日Sさんのところに行ったのです。

するとSさんが見せてくれたのは、屠畜場の現場でした!

芝浦ではその日、338頭の牛が処理されていました。

屠畜するところ、肉を冷蔵庫に入れて競売にかかるところ、競り落とされた肉がベルトコンベアで倉庫に運ばれるところ。僕らが普段知ることのできない、肉の仕入れの大本の部分でした。すべての場面が、衝撃でした。

現場をすべて見せていただいた後、ショックでうなだれていた僕を見て、Sさんは「どうだ? これでもやりたいか?」と聞きました。

僕は落ち込んでいることを悟られないように、間髪入れず「当然です!」と答えたところ、Sさんはため息を吐き、「もういい」と言ったんです。

「ここまで特別に教えたんだからもうあきらめろ!」と言われるのかと半ば覚悟していたのですが、Sさんから出てきた言葉は予想外のものでした。

「もういい。これから焼肉を食べに行こう」

僕は「え?」と拍子抜けしました。

「俺が今、肉を卸している店を紹介してやるから」と、その日の夕方から焼肉屋巡りが始りました。

「今日は12軒行くぞ。全部ついてこれたら仕入れを考えてやる！」

Sさんはこう言って、お店ごとの特徴をことこまかに教えてくれたのです。

「この店の肉は、こうやって切ってる。タレはこの店のこの味付けが美味い。調味料はこんなふうに使ってる……」

「この店の肉は、あまり高い肉じゃない。伸ばしてみろ！」

肉を伸ばすと、たくさんの穴が開いています。

「これは、ジャガードといって、肉にたくさんの針を刺すんだ。繊維が切れて柔らかくなる」

「ここはスジ肉を使っている。独自の機械を使ってスジを切ってるから、本来ならば捨てるはずのスジ肉を出せて、それがお金に代わるんだ」

外に券売機が設置してあり、オーダーしたい部位の券を買って、焼肉を食べる牛丼屋みたいなお店の仕組みも教えてくれました。

店の特徴を説明いただきながら、次々に焼肉屋を巡りました。

僕は嬉しくて仕方がなかったのですが、12軒回るまで何度も胃袋は限界を迎え、こっそりと吐きながらも……「美味しいです！」と言ってついていきました。……正直にお伝えすると、4軒目くらいからはもう限界で、ずっと吐いていました。

そして最後の12軒目に着いたころには、夜中の2時を回っていました。出発地の東京・芝浦から横浜方面に行き、たどり着いたのはなんと山梨との県境。

「こんなところに深夜までやっている焼肉屋があるんですか？」と聞くと、Sさんは「お前、ここで降りろ」と。

「えっ？」

「いいから、降りろ」

「はい……」

降りてみるとそこには、牧場があり、小屋が1軒ありました。

「ここは、俺が仕入れさせてもらっている和牛牧場だ。朝になったら、牧場主に挨拶して帰ってこい」

「マジか？」。自分の置かれた状況が信じられませんでした。僕は真夜中の牧場に一人取り残されてしまったのです。

どうしよう、と思う反面、身動きも取れず、朝が来るのを数時間待ちました。

とにかく星がめちゃくちゃキレイだったことを覚えています。

早朝の5時くらいに牧場で働く人たちが動き始めて、僕がいた小屋のあたりにも人が来たので、小屋から抜け出し「あの……」と声をかけたら「うわっ！」とビックリされる始末。

どうやら、牧場の人には一切話が通ってなかったようです。

僕はとにかく自己紹介をして、業者のSさんからここに連れて来てもらった経緯を話しました。すると、牧場の方は、笑って牛のことをいろいろ教えてくださいました。

そしてお昼過ぎ、バスと電車を乗り継いで東京・芝浦へ帰りました。

Sさんに「今、帰ってきました」と報告をすると、

「おぉ！　よく帰ってきたな。さぁ、仕入れの話をしようか」と。

この時は、涙が出るほど嬉しかった。涙が出るほどというより、思いっきり泣きました。やっと仕入れのスタートラインに立つことができたのです。

芝浦に通い詰めて一カ月余りの時が経っていました。

いい商売をしようと思ったら、仕入れは生命線です。お客様を長く、ずっと笑顔にしようと思ったら、一番大本との絆を手に入れるしかないのです。そうしないと、**マネをされた時に、小さなお店は資金力できっと太刀打ちできなくなります**。

仕入れ先の開拓は、多くの場合、新参者には生易しいものではないかもしれません。でも、あきらめさえしなければ、必ず必要なものは手に入ります。

この時の喜びの気持ちがあるから、今も育ててくださった生産者の方々とのつながりは何よりの宝物です。

005

価格は、商売人の志を表現するものであると同時に、お客様がつけるものでもある

「価格」は、商売をする僕たちのサービス精神をお客様にダイレクトに伝えることのできる手段です。数字であらわせる分、圧倒的な表現力があります。

六花界は、お肉一皿500円、ドリンク一杯400円の明瞭《めいりょう》価格です。たび重なる原価高騰《こうとう》に負けず、量は変わらず質は日々向上を目指しています。とにかく単純に良いものを安く提供することが最高のサービスで、おもてなし。その価値が素晴らしいものであればあるほど、サービスは体験や経験となり、誰かと共有したくなるのではないかと思います。

価格の設定に答えはありません。だからこそ、まず自分自身が大きな相場観を知っておく必要があります。

ただ安いだけには限界があります。お客様自身が「良いもの」と実感できるものである

ことが前提で、その上で「安いな」「すごいな」と思っていただけることで、こちらの思いが初めて伝わり、「また来ようかな」と思ってもらえます。**「こりゃ圧倒的だ!」とまで思ってもらえたら、その商売は必ず長続きするでしょう。**

六花界は「立ち食い焼肉」ですから、どれだけ良い食材を仕入れていても、「どうせそれなりの食材でしょ」という先入観からスタートします。

だから、僕はそれを逆手に取ってちゃんと伝えることから始めました。

今食べていただいているのは、どんなお肉なのか。どんなお酒なのか。味がいい、質がいいのはもちろんのこと、お客様の満足感を高めてくれるのは、そのサービスや商品の背後にあるストーリーです。

僕は絶対的な自信を持って仕入れをしているので、その価値や情報をぜひ共有したいと思って、お客様には積極的に伝えるようにしています。

この時大事なのは、どんな言葉で表現をするかで、自分自身がその価値をよく理解しておく必要があります。

たとえばお酒を紹介する時に、「○○県のレアな純米酒なんです」と言うのではなく、「○○県の佐藤さんという農家さんがこのお酒のためだけに育てたお米を使った純米酒で、アミノ酸度が高く、お米の強い旨味が強く感じられて赤身のお肉によく合い止まりませんよ！」と言うと、想像できる世界が広がりますよね。

そして楽しんでもらったあとで、会計の時「これだけ満足して1800円でいいの⁉」と感動してもらえれば、「また来ようかな」と思ってもらえると僕は考えています。


しかしこの値付け、僕の場合は新しいお店を出す時にかなり苦労しました。

というのも、価格設定はお客様の意識を左右するものだからです。

たとえばメニューの値段が800円中心のお店だと「定食屋さんかなぁ？」とお客様は認識するし、コース2万円のお店だと「スーツ着ていった方がいいかなぁ」となりますよね。

僕の経営するグループ各店のお客様の単価で言うと、六花界は1800円、初花一家《はつはないっか》というお店は6000円、そしてクロッサムモリタでは2万円と幅があります。

それぞれ明確な意図があって価格設定もメニューや素材自体も大きく異なるのですが、多くのお客様にとって、僕はもともと「六花界の森田」だったのです。

だから、「森田のやる店は1800円でコスパがいいもの」と考えているお客様にとって6000円は高価となり、残念ながら離れていってしまう人もいました。

公園で歌っていたストリートミュージシャンが急に日本武道館でコンサートをするよう

になったら驚きますよね。「今まで公園で聞けてたからよかったのに、わざわざ武道館まで行って聞かなくてもいいわぁ」となる人がいるのも当然です。

では、どうしたらそのギャップを埋められるのかと考えた時、僕は言葉を変えることにしました。

立ち飲み屋ではちょっとエッチなお話が盛り上がったりすることもありますが、ホテルの最上階の寿司屋のカウンターではそんな話はしませんよね。

ですから他のお店では、「いつもの六花界の森田」ではなく、「初花一家にいる時の森田」「クロッサムモリタの森田」として、話す内容、選ぶ言葉も変えてみることにしたのです。

そうすると、お客様も「森田はこの店ではこんなことがしたいんだな」と次第にわかってくださるようになり、だんだんと満足していただけるようになりました。

商品やサービスの価格は、お店がつけるものであると同時に、お客様がつけるものでもあります。

「この感じなら、このくらいだな」というお客様の見積もりがあるのです。

その見積もりを超えて、「えっ、こんなに満足できてこの値段でいいの⁉」と期待を裏切ることが本当に重要です。そのためには、品質を高める努力をすることはもちろん、価値の高さを伝えることも鍛えていく必要があります。

006

無理してがんばるより、長く続けること。小さいお店だからこそできる効率化

一般的には、飲食店の仕事は労働時間が長く、辛い仕事と思われているかもしれません。実際、飲食業を含むサービス業は営業時間が長く、就労時間として長いことが多いです。実際の営業時間が8時間だとしても、準備・仕込み・片づけにはどの飲食店もかなりの時間を費やします。結果として拘束時間は長くなってしまいます。

もちろん、仕込みは最重要ですが、スタッフにとって大きな負担でもあります。たとえばラーメン屋さんは、一晩中寸胴《ずんどう》鍋に張り付いていたり、焼鳥屋さんは朝からずっと串打ちをしていたり。

しかし、僕のやっている六花界グループでは、勤務時間はかなり短い方です。

僕自身、六花界を開店した当初には建築家としてもプロボクサーとしても活動をしていましたが、六花界への出勤は平日月曜から金曜まで、土日祝は完全お休み。オフの時間はボクシングジムに練習へ行ったり、旅行にも出かけていました。

平日17時半オープンのため、16時半にお店に到着し、掃除をしてお客様をお待ちし、23時半に最後のお客様のお会計をして24時の終電で帰路につく。7時間半労働です。残業もありません。

今でも六花界のメンバーの出勤はオープン1時間前です。オープン前にやる開店準備は、掃除、不足品の購入ぐらい。お店を長く続けていくためにも、変にムリをしてはいけないと思い、オープン前の仕込みがほとんど必要ないようにシステムを作ったのです。

まず、お肉は切り置きをせずその場で切って盛り付けをします。こうするとお客様にも切りたての良い状態でお出しできます。また、すでにお伝えしたように六花界のお肉には味付けは一切しません。サイドメニューもシンプルで、その場で調理できるものばかりにしました。

焼肉はお客様が最終調理をするというのが大きな利点なので、その利点を最大限活かし、新鮮なお肉を提供することに特化したのです。

このように、仕組みの作り方次第でお客様の満足度を高めながら、同時にスタッフの労働環境を改善していくこともできると思います。

他のグループ店の場合は六花界よりも多少勤務時間が長くなりますが、業界標準と比べれば短く、お給料は通常の飲食店と同じ基準でお支払いし、成果報酬の仕組みも設けています。スタッフには空いた時間にいろいろと遊んで、学んで、経験して、仕事に活かしてくれればいいと考えているからです。その経験の時間が、従業員一人ひとりの個のポテンシャルを引き出すことにつながり、お客様の満足度に結果的に跳ね返ってきます。

特に小さなお店の場合、単純作業を人数で解決するようなやり方ではなく、テクノロジーを使い、システムを作り、省略できるところは省略していきます。

そして省略した分を、お客様とのコミュニケーションやライブ感に費やすということが、僕の大事にしていることの一つです。

たとえばグループ2店舗目となる初花一家は、「仕込みをお客様に見ていただくこと」をコンセプトにしたお店です。

僕は熟練した職人さんの握るお寿司、カクテルを作る姿が美しいバーテンダーを見て感激したことが何度もあります。料理人は隠れた厨房で静かに寡黙に……というのもカッコいいのですが、今まさに調理をしているというライブ感は感動的な体験につながります。

お肉に関していうと、目の前でステーキを焼いてくれる鉄板焼屋さんはたくさんありますが、「今まさに新鮮なお肉を切り出している」という様子をご覧になった方は多くないと思います。

そこで1品1品、完全に仕込みの様子をお客様に見ていただくことが「牛肉」という食材への勉強になるのでは？　と考えて、初花一家では「今からこのお肉を切っていきます」と、お肉のことをお伝えしながらコースでお肉料理を召し上がっていただきます。

このやり方をいつしか「劇場型焼肉」と呼んでいただけるようになったのですが、仕入れに自信があり、なおかつ肉のことを熟知しているからこそできた業態だと自負しています。10年経った今でも、根本のところで同じようにできているお店はないと思います。

つまり言いたいことは、お店や商売の規模は、大きくしなければいけないわけではありませんし、他のお店と同じようにやらなければならないわけではありません。

むしろ他の業界やジャンルのやり方から学び、常識を書き換えていくことで、小さいお店だからこそできる仕組みが必ずあるということです。

007

たくさんの人のためではなく、一人のめちゃくちゃ刺さるお客様のために考える

もしもこれから小さな商売を始めようと思われていたり、今の仕事でもっと成果を出したい方は、具体的に「どんなお客様とつながりたいか」を決めることが大切です。

万人に向けて発信するのではなく、誰かに限定し、ターゲットを絞ることにより、「具体的なニーズ」を決めてしまうことが大切です。

「六花界」や「初花一家」、「吟花《ぎんか》」、「クロッサムモリタ」など、僕の経営する飲食店は贔《ひい》屓《き》にしてくれる常連さんのことを考えているお店です。不特定多数の人に向けたサービスは一切考えていません。

では、常連さんになってくれる人とはどういう人かというと、アンテナの感度が高い人です。自分が良いと思っていることに対して「これおもしろいじゃん！」と、飛び込んで来ていただける1割の人だけのためにサービスを考えています。

その代わり、１割の人には、ハンマーで叩くくらいめちゃくちゃ響くことを考えます。「世界でたった一人、出会えたかけがえのない人との恋愛」に置き換えられるくらい、焦点の先端を細かく細かくして、大切な一人にきっちり響くように言葉を選ぶようにして、ターゲットを限定することが大切です。

ですから、小さな商売を始めるには、まずその１割の人を探すこと。その人のニーズを掘り下げて、掘り下げて、掘り下げる。その人になりきっていって、「自分ごと」になるくらい考え抜きます。

ターゲットを絞っていく時には、世代を考えることが大きなヒントになります。

六花界グループは、ターゲットの層を「同年代」と考えています。最初の入口は、「自分と同じ歳＋－３歳」に限定します。まずはその世代のニーズを徹底的に満足させられるサービスにフォーカスし、そのあとだんだんと広げられるところは広げていくのです。

設定を同年代としているのは、自分ごととして考えると、やはり同世代のことが一番考えやすいというのが僕の意見です。

また何より、**お客様と一緒に成長することが重要だと考えている**からです。僕たちのお店が成長することを、お客様にも応援いただいて、お店もお客様もお互いが成長していけることが大事だと思います。

いずれにせよ、ターゲットを誰かに限定すれば、「たられば」の言い訳が減り、具体的な対策にフォーカスして考えることができるようになります。効率も良くなります。

僕の場合は、お客様が本質的に求めていることとして、コスパなどの表面的なことではなく、それ以上に「学び（エデュケーション）」と「経験（エクスペリエンス）」が非常に重要な要素だと考えました。ですから、グループそれぞれのお店に「学び」と「経験」を感じていただけるサービスを常々考えています。

常にサービスをアップデートできる環境にしておくことも大切です。

たとえば、昔のゲームはカセットを購入しておしまいでしたが、今はインターネットで半永久的にアップデートすることができる時代ですよね。

時代や環境が変われば、自分の考え方が変わることもあるように、お客様だって変化をしていきます。常にその時の「最善」を提供できる態勢を整えていきましょう。

008

「何でもある」より、「何にもない」環境から革新は生まれる

事務所でも倉庫でも店舗でも、お家でも、広い方が何でもできそうな気がしますね。飲食店を始めるにあたって、料理人は「まず設備から」と考えがちです。建築家として今までいくつもの飲食店を設計してきましたが、オーナーさんとの協議で一番大変なのはキッチンでした。

お客様には目につかない部分ですが、実は一番お金をかけられているのが厨房です。特にホテルや一流レストランなどで修業されてきた方ですと理想の厨房を求められますので、お金がかかっていきます。経験がある方ほど厨房を広く取り、機材もたくさん置きたくなってしまうのです。

しかし、経営的な観点で言うと「厨房はお金を落とさないスペース」です。大切な場所ではありますが、最終的にお金を生み出すのは客席。「広いキッチンVS客席」は設計をする際、せめぎあうポイントになります。客席を増やせることができれば売り上

げが増える可能性はあるし、またお客様にゆったりとくつろいでいただける空間も生まれます。

その点で言うと、うちのグループは特殊です。

お伝えしているように六花界はわずか2・2坪で、そもそもガスはなく、調理器具と呼べるのは、みんなでシェアする七輪だけ。厨房は畳一畳分の広さしかありません。それでもお肉を焼く七輪の余熱で煮込みなんかもコトコトと作れますし、やりようはあります。

「初花一家」もガスなしで、仕込みを工夫することで、僕はここで肉懐石全15品のフルコースを提供しています。また、「吟花」の厨房も激セマですし、「五色桜《ごしきざくら》」は鉄板一つしかありません。「クロッサムモリタ」を作った時に初めて、スタッフから「やっと普通の厨房ができましたね」と言われました（笑）。

設備や広さは、あればあるほどいいと考えてしまいますが、必ずしもそうではありません。むしろ、**恵まれているとありきたりの調理法やアイデアしか生まれてこない**ことの方が多いのではないでしょうか。

以前友人がアウトドア用のピザ窯を作って、キャンプでピザを焼こうと企画してくれたことがありました。

当日、彼が持って来たのは大量の重いレンガ。ネットで作り方を見たそうなのですが、レンガは重いし、値段も高いし、持ち運びも組み立てるのも大変です。

ピザはちゃんと焼けましたが、すごい疲労感……。

もうちょっと簡単にできる方法がないかな？　と思いついたのが「一斗缶」があれば同じことができるんじゃないか、ということでした。

そこで次の機会に、近所のおせんべい屋さんでいらない一斗缶をもらって、現地で作ってみたんです。すると、きれいなピザが焼けました！

情報があふれている今、何かを作るために「これが必要」と情報を得てしまうと、別の方法を考えなくなってしまいますよね。

しかし、制限された中から思いつくアイデアが重要なキーになることも多いのです。

何でもすぐにスマホで調べられたり、クリック一つで何でも手に入ってしまう、こんな時代だからこそ、ちょっとの不便や制約は自分の頭で考える、良い機会を与えてくれます。

009

一人目のお客様から始まった「乾杯」というシステム

六花界では、お客様にお越しいただいたら必ず全員で乾杯をします。誰でも例外はなく、全員で乾杯するのが「六花界スタイル」。本日一番目の乾杯を狙う人もいるくらい人気がある乾杯の儀式です。僕にとって乾杯は「握手と礼節《れいせつ》」。初めてのお客様には「ようこそ」の意味。二回目からは「おかえり」の意味。オープン直後の時間帯は、ずっとお客様と乾杯の挨拶をしています。

「それでは皆様、新しいお客様が来られたので乾杯しましょう！　グラスを手に、お疲れ様です！　乾杯〜‼」

このかけ声で、皆様の六花界が始まります。

まずは入店後、タイミングを見て本日のおすすめの日本酒から一杯選んでいただき、僕の音頭でお声かけをします。1時間に30回以上する日もありますから、おそらく1年間でもっとも日本酒で乾杯をしているのは僕だと思います。

なぜ、乾杯をするのか？　日本人は人と人との心の距離の縮め方にとても礼節を持っています。急に人様の心に踏み込んだりしません。島国独特の発達をした日本の礼節こそ、世界基準としても注目されています。そして今日も無事に生きられたことに感謝をして、まずは「乾杯」をするのです。

六花界は2・2坪しかない小さな世界です。2台しかない七輪を譲り合いながらお肉を焼きそれぞれの心の距離を縮め、そして立場も関係なく会話を楽しんでいただく空間です。

つまり一個の「小さい地球」でありたい。そこには国境はなく、文化の違いや差別もない。どんな人が来ても日本の武道や茶道の礼と同じように乾杯をする。一期一会。

しかし、本当のところをお話しすると、六花界の構想段階では乾杯の儀式を行う予定はありませんでした。なぜ今のようになったかというと、忘れもしません。それは、六花界オープン当日のことでした。

来るかどうかもわからない「一人目」のお客様を待つために、僕はお客様のふりをして、お肉の脂を焼いた煙をうちわで外に出して、大声で「この店の肉、うまいなぁ〜！」とサクラの演技をしていました。

やがて、最初のお客様が入ってくださったのですが、僕のことを先にいた客だと思っていたようです。自分が「店長だ」と伝えると「なんでそんなことしてるの⁉」と。

「実は今日オープンしたばかりです。ご覧の通り、お客様がまだ誰もいらっしゃらないのでお客のフリをしていました……」と、ちょっと恥ずかしい気持ちを伝えると、お客様が「え⁉　今日開店っ⁉　お祝いのお花とかないの⁉　すごいね！　とにかくオープンおめでとう！」

と僕にお祝いの日本酒を奢ってくれて、「乾杯しよう」と言ってくれました。

めっちゃ嬉しかったです。それまでのサラリーマン生活にはない感動でした。特に公務員には収賄《しゅうわい》の問題もあり、人から何かをご馳走していただくことは絶対にNGでしたから、それはそれは言葉ではあらわせない感動でした。

なので、その日は嬉しくて来るお客様、来るお客様に「本日オープン記念日」だと伝えて乾杯していただきました。本当に最高のオープン日でした。

気分をよくして翌日も同様に、「昨日オープンしたので、一緒に乾杯しましょう」と同じテンションで最初のお客様に伝えたのですが……驚くべき言葉が返ってきました。

「静かに飲みたいから」

はっきり断られたのです。たった1日で乾杯の儀式はなくなりました。最高の気分は一気に吹き飛び、しょんぼりしたままその日の営業を終えました……（笑）。

そしてまた次の日、オープン3日目。なんと、初日に乾杯してくれたお客様がまた来てくださりました。僕がしょんぼりしているのを見て開口一番、

「あれ？　今日は乾杯しないの？」

と言ってくれたのです。思わず前日にあったことを話したら、

「森田くんはどうしたいの？　やりたいようにしていいんだよ」

と言ってくださいました。

そこで初めて、「自分の好きにしていいんだ」と学んだのです。ここまで誰に否定されてもくじけずに立ち食い焼肉「六花界」を作ってきたのに、たった一人のお客様に言われた言葉で僕はくじけてしまっていたのです。それほどお客様の言葉には力があるんです。

同時に「選ぶ勇気」が必要なことも知りました。最大の「気づき」を与えられました。

あの時のお客様の言葉で、今の六花界があります。

その時の感謝の気持ちが今もずっと続いており、いらっしゃるお客様全員と乾杯して、

「ようこそ、ありがとう」

という気持ちを伝えることが、六花界での僕の初心であり、オープン初日の「おもてなし」を忘れない儀式なのです。そしてその乾杯一つで、六花界という「小さい地球」は、今日も幸せな気持ちで満たされているのです。

010

常連様になっていただくために。「3回爆笑するまで帰してはいけない」ルール

六花界には毎日たくさんの「初対面の方」がお越しになります。職業・収入・年齢・性別・出身地などさまざま。バラバラです。そのためよく「どうしてそんなに常連様がいるのですか？　ひきつける方法は何ですか？」と聞かれます。

実は、六花界ではスタッフにしか伝えていない「裏ルール」があります。

その一つが、「来てくださった全員と話し、3回爆笑するまで帰らせない」こと。

一つの目安としてのルールですが、実現するのは結構難しい。食事中に笑う行為って最大に無防備になることですから。初対面ならなおさらです。でも、これができたらそのお客様とは他の飲食店より何倍も良い関係を築ける可能性が高くなります。

そもそも「興味を持っていただける話の内容」や「その人に刺さる言葉」は定型化できません。これさえあればOKという秘密兵器はなく、「人による」「気分による」「日による」

ものなのです。ですから、爆笑をいただくには会話のテクニックはもちろんですが、何よりもその空気作りが大切です。

空気を作るのに大切なことは、まずは「お客様を自発的に無防備にさせる」こと。つまり、心の壁を作らせないことが重要です。具体的には、個人的なことは聞かないようにします。「何のお仕事ですか？」とか「年齢は？」とか、「何駅に住んでいますか？」など、**パーソナリティに関する質問は自分からしないのです**。

代わりに、まずは自分がエピソードトークをし、その話をふまえた上で「休日の過ごし方」や「焼肉を食べる頻度」、「最近買った贅沢品」など、趣味嗜好が垣間見られる話題できっかけを作ります。

あくまでも自発的に無防備になっていただけることが目的なので、初めてのお客様でも共通に興味を持てる内容を軸にして、会話を進めます。そうしてお客様が自分から話したくなるような話題を探るのです。

「焼肉」とか「猫」とか「恋愛」とか、興味を持つ人が多く、かつ掘り下げられやすいテーマがいいでしょう。

また、会話のホストとして相手をひきつけるとっておきの話題やネタをいくつか持っておくのも武器として役立ちます。

「シェフが誰にも教えたくない人生で最高の料理」「プロボクサーが教えるダイエット」「建築家が教える、捨てるインテリア講座」「公務員の裏話」……たとえば僕ならばこのような話を飛び道具的に使うことがあります。

自分は大した経験をしてないし、そんなネタ持ってないと言われる方もいますが、人生というのは、「自分だけの経験の連続」です。

僕は25年日記を書いていて、自分の体験や感じていることを残しています。ちょっとしたハプニングなど、些細な記憶でもまとめておくことで、話題作りには事欠かないのです。自分の経験談を一つでもいいのでまとめてみると、自分なりの話し方のコツのようなものが見えてくるはずです。

また、お客様の立ち位置もかなり大事な要素です。

六花界ではテーブルを囲んでお客様が立ち並びますので、自分から一番遠い場所にいるお客様に自発的に無防備になってもらうのが、一番難しいです。

常連様ばかりの中に、ご新規のお客様が来られた時には、一気に六花界の世界に入っていただくために、「すみません、ちょっと奥まで手が届かないので、お皿回してもらっていいですか?」と料理中継してもらうことで「役割」を持ってもらって、まわりのお客様に認識してもらったりします。

　初見さんが六花界に入るのは雰囲気的に勇気がいるかもしれませんが、恐る恐る入店いただいた方でも、隣の方にお酒を手渡しするという役割を持つことで、受け取った方から感謝され、だんだんと居心地がよくなってきます。

　せっかく来店していただいているのに、いたことに気づかれないまま帰ってもらうわけにはいきませんし、すべての話題や会話をシャッフルする良いキッカケにもなります。

　これは、会議や異業種交流の懇親会など、どこでも応用がきくテクニックです。会話に入れていなかったり、うまく発言できてない人に無理に意見を求めて参加させるのではなく、役割を持ってもらうことで、自然と輪に入ってもらえます。

　この「自然」というのがとにかく重要で、やさしい言葉やおもしろいエピソード、知識なども、不自然なタイミングだと邪魔以外の何物でもありません。

　お客様に自然体になってもらえるよう、場を整え、土台を作ることで信頼関係が生まれていきます。そうなれば、あとは昔からの友人のように話して爆笑していただいて、「また来てください」とお見送りをするのです。

　とにかくその全員と仲良くなりたいし、また来てほしい。この気持ちは、一人でお店を始めた時から変わりません。

011

肉とお酒、それを楽しむ人も、ペアリングできる空間にする

六花界は、「みんな酒」と「ひとり酒」が混在する不思議なコミュニケーション空間です。そのため、新たな出会いや情報収集に役立ち、ビジネスが始まったり、就職が決まったり、これまで100組以上のカップルが成立しています。メディアには「焼肉ラブワゴン」と紹介されたこともあります。

このように言うと、立ち飲みですし、高級店ではないから「何でもあり」のように思われがちですが、決してそうではありません。六花界はれっきとしたルールのある社交場です。立ち飲みの気楽さのおかげで、素の自分や本質が出ます。

食事の仕方、所作、酔っぱらった時の人への話し方、店員さんへの対応もまわりのお客様に見られています。だからこそ、そこで素敵な対応ができると、その人の本質が知れ、出会いやビジネスのチャンスが増えるというわけです。

東京のお客様は地方出身の人も多く、一人ひとりが各都道府県代表みたいな感じですか

ら、方言での発言やちょっとしたリアクションは文化的でめっちゃおもしろい。旅行のような気分で楽しんでもらえますし、いつもと違う人とかかわることで自分探しもできます。

また、六花界はサラリーマンの街・神田にありながら、女性の比率が高いのも特徴です。神田の中では異様な光景であり、ちらっと覗いて興味を持ってくださる方で「店員はどこだ⁉ これは全部一つのグループなのか？ 入っていいのか⁉ どうしたらいいんだろう？」と足踏みをする人が1日に何人もいます。

煙モクモク、肉ジュウジュウ、みんなでワイワイの2・2坪の激セマ立ち食い焼肉。このような狭い空間だからこそ男女比が実は非常に大切。僕の考えるベストバランスは、女性6・男性4の割合です。というのも、「焼肉」というシステム上では男性は役割がないと手持ち無沙汰になる傾向が強く、女性は役割がなくても楽しんでいる人が多いように思います。

会話をふるのは男性だけど、回すのは女性だったり、肉を焼くのは男性だけど、食べるのは女性だったりするのもおもしろいです。

男性が多く知識にあふれる場も素敵ですが、会話や雰囲気にはバランスがあり、そのコントロールは女性の能力に左右されていると日々痛感させられます。

この計算された役割分担のシステムの中でたくさんの出会いがあり、前述の通り六花界で出会ってカップルになり、結婚された方々が知っているだけで100組以上になります。

たとえば男性A氏と女性Bさんの場合ですと、こんな感じです。

ある時A氏が、「森田さん、ちょっと相談あるんですけど」と営業終わりギリギリまで珍しく粘って言ってくれました。どうやらA氏はBさんのことを好きみたいです。

でも僕はBさんから逆に「A氏はちょっと見た目が苦手」と相談を受けていました。

これは、困った。でも、一つテクニックがあります。

二人が同じ空間を共有している中では、いい感じのタイミングが必ず出てくるんです。そこを見逃さず、一言「なんかええ感じじゃん」と言葉を添えてあげるだけ。あとは勝手に二人でうまくいっちゃったりします。

見た目は関係ないんです。性格の良いところにちゃんと気づかせてあげること。第一印象が悪くても、二人には意外な共通点があるかもしれません。そこに気づけるコミュニティーがあるって大切だしおもしろいですよね。

そもそも、合う・合わないって結構いい加減な感覚なんです。人の恋愛のスイッチって、その人が誠実でありさえすれば、ちゃんと入ったりします。

話は少し飛びますが、六花界は「肉と日本酒」が初めて発信されたパイオニア的なレストランです。最初はペアリング（お酒と相性の良い食材や、料理との組み合わせ）がぜんぜんうまくいかず、お客様にも思いっきり否定されました。

何より一番否定されたのは、「日本酒の酒蔵」さんからでした。「うちは魚に合わせて作ってるんだから余計なことをするな！」とお叱りを受けたり、「ロジックはあるのか？」「うちの酒が不味《まず》いと評価を受けたら責任を取れるのか？」などのご意見をいただきながら、たくさん勉強させてもらいました。

たとえば、タンクから直接汲んで瓶詰めした酒は、シュワシュワする発泡感が肉に合います。日本酒本来の良質なアミノ酸により美肌効果につながり、肉の脂との相性も悪くない。にごり酒もマッコリと成分が似ているので、肉に合いやすい。燗酒なら45度くらいがレア焼きの肉料理や赤身の肉にぴったり。

最初は「合わせにくい」と言われた「肉と日本酒」でしたが、「なんかええ感じやなあ」と徐々に理解してもらいました。日本酒の裾野《すその》を新しい若い世代に広めたこととなり、その功績が認められ日本青年酒造組合より第12代「酒サムライ」を拝命いたしました。「肉と日本酒」と同じように、人と人のおもしろいペアリングが生まれているのも六花界なのです。おかげさまで、お客様同士の幸せな結婚式でスピーチさせていただく機会だけは、どんどん増えています。

012

経営するすべてのお店が「不便さ」を軸に設計している理由

六花界グループの店舗設計はすべて自分でやっているのですが、設計の際、ある一つのことを必ず意識するようにしています。

それは、**全店舗にお客様にとっての「不便」を織り込む**ということです。基本設計段階の全体協議では、「次の店舗は何を不便にするか？」を議題にすることから始めます。

どういうこと？　と思われるかもしれません。

通常、どんな仕事もお客様にちょっとでもご不便をおかけしないことを目指してサービスは考えて作られているはずです。

しかし実際、**完璧など不可能なのです。どこかに必ず不便と感じる要素が出てきます。**

だから、六花界グループの設計はそれを逆手に取って、基本設計に「不便」を組み込むことで、逆にお客様と店との「一体感」を生み出すスパイスにしようと考えました。

「六花界」は、立って焼肉を食べる**「都会のバーベキュー」**と日本酒の登竜門。
「初花一家」は、躙口《にじりぐち》から私語厳禁・写真撮影も禁止の**「劇場型焼肉」**。
「吟花」は畳に正座をしてもらう**「酒蔵勉強会」**。
「クロッサムモリタ」は全店舗通って到達する**「階級制最高峰焼肉」**。

このように、普通なら不便と感じるような制約やルールを設けさせてもらっています。六花界の場合ですと、面積は2・2坪、そして客席は大きなテーブルがドドンと一つ、そこに二つの七輪があり、みんなでその七輪をシェアしてお肉を焼くスタイルです。

狭いとはいえ端までスタッフの手が届きませんので、入口側のお客様にお肉やお酒を渡す時には、お客様に中継してもらうこともあります。「お客がやるの⁉」とびっくりされる方もおられますが、実はこれも設計のうち。

前述の通り、**人は役割を与えてもらうと「立ち位置」ができ、居心地が良くなる**ものです。不快や不便も、当事者として参加すると居心地の良さに変わることもあるのです。

そもそも意外と「食事中」って、噛んだり飲んだりする以外は結構時間があるんです。そこが交流を深めるための時間であり、もっとも贅沢な時間とも言えます。

六花界が、七輪も作業も感情も体験もシェアする「都会のバーベキュー」とたとえられる所以《ゆえん》です。

バーベキューが好きな方はそれぞれ役割を分担し、お礼を自然と言い合える空気感を愛していますよね。

人はポジションがあることでやるべきことを考えやすくなりますし、安心し、思考が活発化します。すると会話も自然と盛り上がり、店内に一体感ができあがります。

六花界では、**お客様みんなが六花界という舞台の出演者なのです**。物を受け渡したり、空いたスペースの掃除をしたり、時にはお客様がお客様の接客までしたり（笑）、主役から裏方まで、みんなで六花界という舞台を出演者として作っていきます。

このように一見「不便」と見えることも、隠すことなく、むしろこれを特徴としてお店を設計していくことで、予想もしていなかったウリや強みとなっていくのです。僕のお店のコンセプトづくりの根幹になる秘密です。

013

これまでも、これからも取引先は替えないと決めている理由

六花界は、オープンから12年が経ちますが、**六花界グループでは12年間、仕入れ先を何一つ替えていません**。この12年といえば、あらゆる分野で技術は発達し、新しいサービスも選択肢も増えています。

ただ、僕らはあえて替えることはしませんでした。

仕入れ先はたくさんあり、各社それぞれ得手不得手がありますが、大本の食材の仕入れ先は変わりません。生産者様と僕たちをつないでくださって、ずっと応援していただいて、今の六花界グループがあります。

12年間ずっとこの関係を保ち続けることができたという事実が、店の信頼、ひいては僕自身の信頼につながっていると思うのです。

稀に、同じ商品でも仕入れ先によって価格が違うことがあります。一つの食材は独占されているばかりではなく、何社かが介在することもあります。

しかし、**多少仕入れ値が違うからといって、せっかく育ててくれた仕入れ先をコロコロと替えてしまっていたら、本当に困った時誰も助けてくれないし、**価格しか見れなくなっちゃう。そうなりたくはありません。

お金の循環は、心の循環です。また、**信用の循環**でもあると僕は考えています。**密度の薄い循環ではなく、濃い循環を作りあげていきたい**ので、目先の都合で取引先をとっかえひっかえしていては、お金も、心も、信用も、うまく循環していきません。ですから、今後も取引先を替えることはありません。

この循環を維持していくには、「お店がメディアに出続けること」も大切なことの一つだと思います。

パートナーである仕入れ先がメディアに出ることはあまりありませんから、表現者である僕たちが取材を受け、この業界が「がんばっている」ことを表現してこそ、恩返しの手段にもなります。仕入れ先にとっても、育てた事業や会社が大きくなることは嬉しいことなんです。

自分やお店がいい形で成長していくことで、よりよい関係を続けていくことができると思います。

014

老舗の人気要素を分解して、再構築すると「革新的な店」になる

最近、メディアに取り上げられるレストランの業態が変化してきました。僕が12年前にお店を始めた頃は、地元に根付いた老舗《しにせ》が多く取り上げられていて、いかに愛されてその地位を確立してきたかという記事が多くありました。

しかし最近は、個人の発信がメディアとしての力を持つようになりました。たとえば、まずはTVや雑誌で取材され、その後に個人が流行っているレストランをSNSで発信し、人気が一極化するというパターンです。

これには両面あり、「小さい店にも大きなチャンスがある」一方、「良いお店が埋もれ、メディアに殺されてしまう」ようなケースがあるのも事実です。

六花界開店当時、父親に「メディアには一切出るな」「商売をするのであれば牛のよだれを目指しなさい」と言われました。その意味は、「ダラダラと長く続けることができる方法を考えろ」ということでした。

メディアに出れば叩かれる。敵を作ることも多くなるし、マネもされる。そうすると、商売に追われ、大切にしたいお客様への接客ができない。何よりお客様が根付きません。そうした一過性の流れに乗るのではなく、その分野の老舗になること。「大繁盛しなくてもいいじゃないか。長く愛されるお店でいることの方が大切だ」と父は伝えてくれました。

僕もその通りだと感じ、お店を始める時には、徹底的に繁盛して取材されている老舗を分析しました。

まずは老舗繁盛店を価格フェーズごとに分類し、「なぜ評価を受けているのか」を「①メディア評価」と「②自分の評価」という二つの軸で分析しました。

六花界に置き換えた場合、メディアでは「①婚活焼肉ラブワゴン」と取り上げていただいたこともありますが、実際来てみると「②和牛と日本酒に特化していてコミュニケーションの取れる立ち食い焼肉店」であることがわかります。

つまり、メディアは店の要素をすべて伝えることができません。切り取った情報の一部をキャッチーに伝えることが彼らの得意なやり方で、それをきっかけに飲食店の本質を知るチャンスを与えてくれているのです。

老舗はそのことを知っているから、メディアに取り上げられても、キャッチーな方向に舵取りを変更しません。あくまでお客様と向き合い、本質的な自分の店の価値を上げる努力を常にしています。

お店をやる人にとって、このような老舗のシステムを理解することは非常に重要です。

僕の場合は、

・情緒あふれる「雰囲気」には何が隠されているのか？
・「～発祥」や名物となるほどの看板メニューはなぜ生まれたのか？
・「また行きたい」と思わせる理由は何なのか？

これらを分析していったのですが、一言にまとめると「飲食店のスマホ化」というキーワードになります。コンパクトで、便利で、いつでもそばに置いておきたくなるような魅力を持っているのです。どういうことか？　詳しく説明します。

①老舗名店はコンパクト

まず、老舗店にはムダなスペースがありませんでした。30年も40年もそのままの内装で営業できるから、味のある雰囲気が出るのです。

だからこそ2・2坪の六花界もよくある飲食店としての設計はしませんでした。小回りの利くコンパクト設計で、お客様の人口密度は高くしています。

②老舗名店は自分の立ち位置を知っている

「うちは○○屋だから」

鰻、おでん、モツ煮、居酒屋さんなど、老舗店は時代に流されないアイデンティティを持っています。いわば、「○○と言えばこのお店」のように、そのジャンルを代表するGPSのような役割を持っているのです。

六花界も「立ち食い焼肉」「和牛と日本酒」発祥の地として、「飲食店マップ」の中で位置を確立し、いつ来てもおいしいお肉を1000円で食べられるという位置づけにしました。適正な値段と内容の位置づけができ、お客様は必ず「1000円で！」と信頼してオーダーをしてくださるようになりました。

③老舗名店は口コミで広まる

老舗店は、口コミで広がるという性質を持っています。つまり、「○○に行ってきた！」とつい人に言いたくなるような要素、話のネタになる要素を持っており、どんなお店か人にも伝えやすいのです。今も続く老舗は、ネットのない時代からグルメたちの間でSNS化されてきたのです。

このような特徴が老舗にはありました。

六花界は、これらの要素をすべて満たせるように、老舗の要素を集約しました。表面的にはまったく新しいことをやったように見えるのですが、仕組みとしては老舗名店と同じ。新しいわけではないのです。

六花界を立ち上げた時は、まわりの店から「こんなお店はこの街には必要ない。すぐ潰れる」とも言われましたが、結果としてはそれらのお店よりも長く続けることができ、お客様に愛されるお店に育てていただけました。

なお、もう一つ、これは100％共通することではないですが、老舗の名店には名物大将や女将《おかみ》さんがおられることが多いです。彼らは本当に接客の天才で、繁盛の理由の半分以上は料理だけでなく人についているのでは？　と思わせるくらいの存在感があります。

老舗と言われるまでの長い年月、お客様に愛情と情熱を持って接し続けた結果そうなれたのか、もともと接客の天才だから店を続けることができたのかはわかりませんが、僕のこれからの研究課題の一つです。

先人に学ぶことは山ほどあります。ぜひ研究していただいて、老舗のやり方をインストールしてみてください。

015

ミニマルさを追求していくと、明確なニーズや強みが浮き彫りになる

ミニマリストという言葉がここ10年くらいで話題になり、モノに対する考え方も多様化しました。ミニマリストとは必要最小限の物だけで暮らす人。自分にとって本当に必要な物だけを持つことで、かえって豊かに生きられるという考え方でもあります。

その点、**六花界はミニマルの極みというようなお店**です。

六花界には、実はお肉を保存するための冷蔵庫もありません。日本酒を冷やすショーケースと、氷をたくさん敷き詰めた発泡スチロールで食材を管理しており、その日に出し切れなかったお肉は破棄するか僕が食べます。「ないなら、ないなりに収める」のです。必要最小限を設計し、ビジネスにおいて最短距離で到達させます。

六花界に必要なものかどうかの判断は圧倒的にミニマリスト的考えでした。非常に効率的でコンパクトです。**料理と同じで「究極の引き算」**なのです。

面積を減らし、メニューをなくし、素材のロスをなくし、人件費をなくし、営業時間を最小にする。ちょうど営業時間終了と同時に火が消える練炭を使うことで光熱費を最小限に抑える。日本酒は栓を開けて出すだけ。

この考え方はどこから来たのかというと自分自身の日常からの慣例なのですが、まず普段着ている洋服もいつも同じ種類のものです。服はいつもユニクロの黒のVネックでお店にも立ち、メディアにもそのまま出ます。部屋にも物はほとんどありません。散髪の頻度は3週間に1度、でも費用は680円で時間は10分です。

そうやって暮らしていると、生活に必要なものは、だいたい1週間の旅行に持っていくスーツケース1個で完結できるくらいだということがわかります。つまり、**あたりまえに必要だと思い込んでいるものは、要らないものがほとんど**なのです。

2店舗目の初花一家に限っては、ガスも引いていません。ガスがなくてもお店は営業できるし、お料理はできます。肉は、時として練炭の方が美味しく焼くこともできます。

とにかく無駄をそぎ落とす作業をすれば、考えがコンパクトになり、明確なニーズが浮き彫りになります。その中で自分の表現力や創造性を発揮することが、最高のパフォーマンスを生み出すことにつながります。

016

新しいお店を出しても、六花界に立ち続ける理由

「森田さんって六花界にいるのですか？」と聞かれますが、当然います。

六花界は僕の原点であり、唯一、自分がブレてないかどうかわかる場所だからです。

すべての店舗がそうですが、経営だけしていたら、そのお店は経営者にとって「お金を産む箱」でしかありません。利益が出ていれば良く、足しげく現場に出る必要はないでしょう。

ただ、僕にとっての六花界はそうではないのです。

初心を忘れず、同じ気持ちでいるためにも、何よりいっそう技術を磨くためにも六花界というバッターボックスに立っています。六花界に立つたびに、お客様にもっと満足していただきたいと思うし、新しい目標が増えます。

現場に立つとおもしろいもので、5年前と同じ打ち方をしていては、ホームランやヒットが打てないことがわかります。同じやり方ではダメなのです。

これはきっと僕の気持ちが揺らいでいたり、技術が低下しているわけではなく、お客様も日々変化と成長をし、また同じ状況や環境は1日もないからです。

だから過去の「似た状況」を経験のストックから引っ張り出して、また新しい技術を現場で編み出していく、というようなやり方になります。

打席に立たないと、そうした新しいボールの変化に気づけないのです。

打席に立ったら大切なのは二つ、

①何割打てたか？

②何点とれたか？

打っても点数が入らないと形に残りません。でも、打席に立つためには打てなきゃダメ。①はどれだけ会話内でウケたり、みんなの興味を惹く話題を振れたかだと思ってください。そして②の「点をとる」とは、会話を含む接客を通じて僕のファンになってもらえることです。

僕は他の店舗でもホームランを打つために、六花界で日々素振りをし、鍛えています。

017

掃除道を極める

店舗経営に欠かせないことの一つが、掃除です。特に飲食店は、清潔さが命。六花界の掃除は必ず床拭きからダクトの清掃まで手拭きで行います。

「焼肉屋の掃除って大変そう」と思うでしょ？　狭いから楽勝なんです（笑）。

ただ、こだわっていることがあります。

たとえば床掃除は、モップでこすれば楽ですが、僕らは必ず這いつくばってゴシゴシと雑巾で床拭きします。

それは、高い目線で見ると台下に入った落としものや食べこぼしに気づけないから。しっかり目線を床に近づけて掃除することで、きれいにできるし、変化に気づけることがたくさんあります。目線が違うと、汚れだけでなく、小さな変化や違和感を見逃してしまうんですね。

掃除というのは剣道や柔道なんかと同じで、深い気づきのある「道」です。人生哲学のようなもので、人間関係も仕事にも通ずるところがあるなぁとよく思います。

目線を合わせ、それぞれが散らかってしまう前に、ちゃんと自分にとってきれいな状態にすることとって大事。床掃除一つとっても、そんなことを思い出させてくれます。

あと、**余計な物を置かないというのも大切なこと**です。狭さ広さに関係なく、必要な物だけを置いた方がいいです。そもそもの掃除が減るし、生活スタイルも思考もシンプルになります。

何を残すか、何を捨てるか、それぞれに対して考えることは、自分の状態を知ること、自分にとっての優先順位をつけるトレーニングにもなります。

「捨てられない」というのは、何らかの理由があるわけですから、その理由を分析することで自分のマインドのあり方を知る糸口になります。

ちなみに僕の基準は、**「好きか、好きじゃないか」**。突き詰めていくと、好きなものってそんなにたくさんないはずです。好きだと思い込んでいることの方が多いかもしれません。つまり、物への執着です。たくさん物があるほど執着は増えるので、僕は家にほとんど物を置いていません。

「掃除道」は、仕事の始まりであり、すべての基礎。掃除中は運動にもなり、思考もロジカルになり、無心や達成感、清潔と簡潔を生み出せる最高の所作なのです。

第2章

2・2坪から150坪への哲学

018

常連様からは、お代をお会計ではなく「お月謝」としていただく意味

第1章では、僕の原点である六花界について詳しくお伝えしました。

この第2章では、六花界のあとにオープンさせた店舗や新しいプロジェクトについても、どのような意図で、どのような仕組みで設計したかを赤裸々にご紹介します。

まず、僕が六花界の次に、2店舗目として作ったのが「初花一家《はつはないっか》」です。

六花界はおかげさまで多くのお客様にかわいがっていただけたのですが、反面、当初からいらしてくださった常連様が満席でなかなか入ることができなくなってしまいました。

そこで、「入れなくなってしまった常連様に月一でもお会いしたいから」という思いで作ったのが初花一家なのです。

六花界では「お会計」をいただきますが、**初花一家以降の店舗は「お月謝」という形で、お勉強と飲食の代金をいただいている**のはそのためです。

つまり、もともと常連様のためにと思って作ったお店だったのです。

ところが、この初花一家も予約で満席になってしまい、それならばと「吟花」「五色桜」……とお店が増え、結局、六花界を入れて6店舗作ることになったのです。

六花界以外のお店は「会員制焼肉」と呼ばれるようになりましたが、それはメディアがつけてくれた肩書で、実際に会員の方はいらっしゃいません。

では、新しい店舗は六花界と何が違うのかというと、業態もコンセプトもまったく違います。

たとえば初花一家では、六花界で知り合ったお客様に、六花界ではお伝えしきれない

1　僕との会話
2　牛の育てられ方
3　仕入れや屠畜《とちく》にかかわった人の話
4　肉の正しい知識と向き合い方
5　目の前で広げられるライブ感

を伝えるためのお店にしようと計画しました。

六花界をきっかけに僕や牛のことを知ってくださった方に、さらに食の深みを知っていただければという思いがあります。

このようにお店ごとに狙いが異なっているのですが、六花界以外はすべて完全予約制で、

「SNSへの投稿禁止」などのややこしいルールもあります。

そのようにしているのは、僕が「美味しい」＝「信頼関係」だと考えているからです。「来週とうとう森田の料理を食べられる！」と思って来ていただける人と、「今日とりあえず何食べよう？」と思って、何となく来る人では、同じお料理でも受け止め方が違うと思いますし、その時間に対する集中力が圧倒的に違います。

食事は食材の命と向き合い、体内に異物を取り入れるという実はストレスのかかる行為でもあり、最高のコミュニケーションです。限られた時間の中でお互い真剣勝負のように、命をいただく。常連様とそんな空間を共有できる、食の習い事のような空間を作れたらというのが2店舗目以降のお店でやりたかったことでした。

コンセプトだけを真似た会員制レストランとは一線を画しています。

この10年近く、来ていただいた常連様、ご予約をいただいた方々のデータはすべて残してあります。その日のメニューや苦手な食材、喜んでいただいたお料理や簡単な会話、ご紹介いただいたご縁もすべて。その場その場、その1日だけでお料理が完結するのではなく、「礼に始まり、礼に終わる」関係を、お客様と続けていきたいという思いが根本にあります。

まずは、そうして作っていったそれぞれの店舗について簡単に紹介をさせてください。

019

完全紹介・予約制の劇場型肉割烹「初花一家」

六花界の次にできたのが初花一家です。

今では「**劇場型肉割烹《かっぽう》**」と呼んでいただいていますが、初花一家はもともと、六花界で時折僕がまじめに話すお肉の話に共感を持っていただき「もっとお肉のことを知りたい」というお客様のご要望に応えて作ったお店です。

営業は週末だけで、僕の休みの日に「お肉と命の講習会」をするという目的だったので、ポケットマネーで開業しました。

開店当時は牛肉の部位10カ所を目の前で解体し、切り分け、説明しながら、お客様には日本酒を飲んでもらいつつ、2時間しっかり調理の方法もお伝えし、料金は4800円でした。当然、すべて和牛です。

そのうちだんだん予約が取れなくなって、メディアにも取り上げられるようになりました。

この安さの秘密は、

- **自分の足で稼ぎ、直接取引をしてくれる仕入れ先を見つけたこと**
- **少数のお客様に限定することで、食材のロスをなくせること**
- **一斉スタートにし、お客様への説明を一度にまとめること**
- **その場で切り分けることで仕込みの時間を減らすと同時に、食材と向き合い、自分自身のポテンシャルを最大限に発揮すること**
- **食材を表現できる空間設計を建築家として設計し、工事も自分でしたこと**

です。

目の前ですべてが行われるというライブ感から「劇場型」という名前をつけていただいていますが、もともと狙っていたわけではなく、やりたいことを論理的に組み立てていった結果、このような劇場型のお店となりました。

ありがたいことに、今では2年以上予約がいっぱいです。季節が移りゆくのと共に食材の旬の変化を楽しんでいただくため、ご来店回数は最大でも年4回までとさせていただいています。……が、席数が最も少ないので、ひょっとしたら初花一家が最もたどり着けないレストランになっているかもしれません。

020

1日1蔵、女性幹事様限定の東京酒蔵体験「吟花」

3番目にできた「吟花《ぎんか》」というお店は、日本酒を知ってもらうことを目的に、酒蔵《さかぐら》にいるような気持ちで食事をしていただきたいというコンセプトのお店です。

吟花では、**「食愛」「共通体験」「敬意」「討論と学び」「秩序と歴史」**という5つのテーマを大切にしているのですが、他の店舗に比べて、ちょっと変わった予約の形式をとっています。

それは、**予約を取れるのが女性だけ。男性からの予約は受け付けておりません。**

だからといって男子禁制というわけではありません。あくまでもご予約者、幹事様は女性ということ。その方にお連れいただいた男性はご来店いただけます。

このようにしたのはいくつか理由があり、まず吟花は、女将もスタッフもすべて女性です。

ですが、男性が幹事で予約を取られた場合、ついつい気分よく羽目を外しがちです（笑）。

何かトラブルが起きないよう、女将や女性スタッフがよりおもてなししやすいようにということが第一の目的でした。

また女性は情報共有が上手ですから、日本酒をあまり飲み慣れていない女性にも日本酒を広めるのにも、幹事様が女性限定というのはいいと思ったのです。

そして、予約を取れる女性には、男性から「吟花連れてってください！」と言われて鼻高々であってほしい（笑）。そんな思いもあります。

吟花にいらっしゃるお客様には、酒蔵にいる気持ちになってほしいので、外には酒蔵で酒ができたことを知らせる役割を持つ「杉玉」を吊るしています。中は畳で正座をして、お食事をしていただく仕組みです。ここでは焼肉ではなく、肉料理がメインです。

蔵で日本酒を飲んだことのある方はなかなかいないと思います。日本酒の仕込みは寒い冬の時期に行われ、蔵人が寝る時間も惜しんで必死に造っています。その姿を知って飲む日本酒の一滴は、重みが違います。「蔵で飲む酒は特別」なのです。

しかし昨今では、国内にある日本酒の酒蔵は毎年減少し、何百年もの蔵の歴史が途絶えようとしているのです。吟花は、そんな酒蔵さんを応援したいという思いでスタートさせました。

全国には1400近くの日本酒の酒蔵がありますが、吟花で出すお酒は、蔵の歴史や日本酒の奥深さを伝えるために、常に私たちが訪問したことのある蔵「一つ」を月替わりで選ばせていただいています。ですから、全国の酒蔵を紹介するためには1400カ月（＝116年）かかります（笑）。長生きしなくちゃ。

日本酒には実はたくさんの種類があって、純米大吟醸《じゅんまいだいぎんじょう》、本醸造《ほんじょうぞう》といったことだけではなく、酒米《さかまい》や酵母《こうぼ》の違いなど、実はワインよりも種類が多く存在します。

それぞれの酒蔵の個性が際立つお酒に、肉割烹としてその酒蔵がある県のお料理の技法や食材を使ってお料理を作り込みます。

月に一度、蔵とお料理を決めて、それぞれをお客様に喜んでいただけるように考えています。

女性幹事様限定、月に一つの酒蔵など、吟花にはたくさんの「限定」を詰め込むことで、得られる満足度が広がりました。限定をすることによって、かえって創造的な価値が生まれたのではと自負しています。

021

酒屋さんとお客様をつなぐ日本酒ショールーム「五色桜」

4店舗目の「五色桜《ごしきざくら》」は、酒蔵と六花界をつないでくださる「酒屋」さんを主軸にしたお店です。酒屋は昔から人と酒蔵の間に立って、たくさん種類のあるお酒からその個性を知り、お客様に蔵の説明をしてお酒の販路を広げてきました。町の酒屋さんというのは、酒蔵のアンバサダーなのです。そして酒蔵にとって酒屋は、信頼関係を構築し、分業を任せてきた、恩のある窓口の一つでもあります。

五色桜のお酒の仕入れは、**基本的にその都度一つの酒屋に限定します。多い時でその酒屋で取引のある日本酒を30種類以上、一気に発注します。**

日本酒は店内の冷蔵庫に並べられており、お客様に自由に選んでいただき、さまざまなお肉料理と自らペアリングを考えて合わせることができる、酒屋とレストランの融合です。

蔵人の想いを伝えるための酒屋、そしてその場でグループディスカッションできるコンセプトの**「熟成肉と日本酒」**のお店が、五色桜です。

このシステムを作る時は本当に悩みました。お客様に自由にお酒のチョイスをしてもらうことで、お酒を雑に扱うことにならないだろうか？

付き合いの長い酒屋・酒蔵の方々にも相談し、結果的にこの問題は、一緒に酒蔵に勉強に行ったスタッフが対応するようにし、クリアしました。

最近では似たコンセプトの店も増えましたが、五色桜はただ単にお酒を提供するのではなく、六花界で日本酒を知り、もっと深く勉強したいというお客様にのみ、ご予約を取っていただいています。ですからお店の一方的な提案を受け入れるだけでなく、自発的に日本酒を選んでお料理に合わせる楽しみを知りたい方々の勉強の場なのです。

選んだ日本酒を「これが合う」「これはこっちの方がおもしろいんじゃない？」と、お酒を中心に意見交換しながら楽しんでいただけるワーキングスペース的な存在が五色桜です。研究室みたいなイメージで、自由に無理なく楽しく勉強ができる空間にしました。

自習室なのでお酒は飲み放題ですが、なぜか皆様自腹を切ってお持ち込みされるお酒が多いのもおもしろい副産物です。

022

圧倒的な体験と特別感を提供する「クロッサムモリタ」

5店舗目にできた「クロッサムモリタ」は、六花界グループすべてに通ったことのある人だけが幹事様として予約ができる、グループの中でもっとも特別な空間として設計しました。クロッサムモリタの敷地面積は、250㎡。六花界の20倍以上の面積です。オープンから3年経った2018年には、250㎡規模の発酵を含む熟成ラボを建設しました。約500㎡（150坪）のお店に、たった10名様しか入れないレストランがクロッサムモリタです。

クロッサムモリタでは、圧倒的な体験をしていただくために、すべてにこだわり抜いた空間を提供しようとさまざまな専門家の方々とチームを組み、運営しています。

牛に関しては、ミシュランのビブグルマンを取得している熊本の「田中畜産」の田中健司さんと協働し、生産から精子にもこだわり、肥育を管理して作り上げた和牛をブランド化し、「日本酒吟醸熟成肉（特許庁商標権利取得）」の工法をラボで作り上げました。そして、特定のお客様に「ミートキープ（特許庁権利取得）」していただき、そのすべてを僕が調理して表現します。

さらには、陶芸家の比護武司先生・書家の通山敦史先生・鉄鋼ディレクターの青木恵之《しげゆき》先生・ブロガーのコグレマサト先生、映像作家牧野修一郎先生と太田義孝先生・音楽家の本間昭光先生・照明デザイナー・マジシャンなどさまざまなメンバーで空間の演出も行っています。なぜそのようなチームを作る必要があったのか？

クロッサムモリタでは、**食や和牛への新たな可能性を研究し、その成果をお客様と共有できればと考えているから**です。

というのも、和牛の歴史は日本の食材の中では若く、広まり出してからたった100年程。だからお肉への料理のアプローチは赤身が主体で、ホルモンにはあまり及んでいません。

料理に使う牛の種類は黒毛和種がほとんどですが、その中で「血統」に分かれ、それぞれの部位をどう火入れするかがほとんどです。どんなレストランに行ってもメインディッシュに出てくる牛肉の調理法にそんなに大きな差はありません。

しかし、そもそも人がお肉を美味しいと感じる時には、お肉の「味付け」と「食感」の2点で判断している場合が多いのです。たとえば同じ和牛の中でも「肩サンカク」という肩の部位と「ランプ」という太ももの部位ではぜんぜん味が違うのですが、その違いをじっくり味わったことのある人は少ないと思います。

部位に関しても「イチボです」と伝えた時「おー！」と喜んでくださるのですが、それは「イチボって本当美味しいよね！」というより、「なんか希少部位の名前で聞いたことがある！」という反応が多い気がします。

「イチボ」は牛の臀骨《しりぼね》とその周囲の肉を表す英語「aitchbone」が訛った語。「aitch」が「H」、「bone」は「骨」で、牛の臀骨がHの形をしていることが由来です。

牛の部位は呼び名の自由度も高く、たとえば「カルビ」という名前は牛のどの部位に対してもこの名前で呼べてしまいます。ご存じでないかもしれませんが、ハラミやフィレを「カルビ」と言ってもいいんです。ビックリでしょ？


このように、食材として発展途上、かつ未完成である牛肉はまだまだ研究が可能で、食材の料理法やプロモートに抜群の可能性があるということなのです。

フレンチやイタリアン、最近では和食も中華もメインディッシュは「お肉です」と言われます。そして、調理方法は基本的に「焼く」こと。牛肉の価値は世界各国で最高位に位置づけられているわりに、あまりに単純な調理しかなく、「無難な満足感を提供するためのもの」として料理されている感じがします。

各部位においての味わいが違うのですから、美味しくするためのお料理のアプローチも違うはずなのに、誰も研究をしていません。当然ハラミとフィレとタンでは調理方法は変えるべきですし、レバーとハツと丸チョウとセンマイもそれぞれ違う食材です。レバー一つでも、大動脈管の近くと腸付近ではまったく違う。科学的に組成を分析していけば、熱に対するたんぱく質の変性や、冷却した時の血液の流出割合も違うはずなのです。

「食材を大切にする」ためには、牛肉のことをもっと詳しく知りたい。そう考えた僕は、料理に関わるまわりの物についても一通り考えました。

たとえば、肉を切るのは鋼の包丁。食器は岡山備前《びぜん》の友人に備前焼を焼いてもらい、白分自身も陶芸教室に通い始めました。ソースに使う材料も、日本各地から集めた妥協のない果実や野菜、七輪として使う焼き台も自分で設計し、備長炭《びんちょうたん》にもとことんこだわりました。

「お肉を料理する」ことに関係するすべての潜在能力（ポテンシャル）をまずは引き上げようと思い、お客様からいただいているお月謝は、すべてお客様の満足に還元できるように努力しました。

すると、たしかに料理のレベルは高まっていったのですが、ある違和感と矛盾感が残り続けていました。それは食材の原点、つまり育ち方に由来する「調理法」です。

牛さんもそれぞれの場所で生きていて個性があります。命ですから。僕たち人間がそれぞれ違うのと一緒です。にもかかわらず、それを食材として、ただ「和牛」と一括りにすることに強烈な違和感があったのです。

「ただ焼くだけ、煮るだけ」の原始的な調理法ではなく、「もっとストーリーを伝えたい！」「世界がまだ気づいてないものを作りたい！」「僕だからできることは何なのか？」「日本酒と肉を突き詰めてきたからこそ考えられるアプローチがあるはずだ！」と、自分のやりたいことをあらためて追求していきました。

お客様に提供する牛さんのことを伝えるために、ストーリーとロケーションを料理で伝えたい。その方法として生まれたのが「プロジェクションマッピング」でした。

マッピング単体ではお料理をじゃましますが、お店の全方位にプロジェクターを配置し、食材の育った環境を映し、まるで空間が移動したかのような体験ができるようにしました。

僕はこれを「空間転送」と呼んでいますが、「なぜこの食材を使い、お料理を作り、お酒を合わせたか」を伝達する方法としてプロジェクションマッピングを選んだのです。

日本でまだ誰もやったことのない挑戦であり、この夢の実現のために、六花界から支えてくれたお客様であり友人でもあるクリエイションチームの協力を仰ぎました。

さらに「日本酒吟醸熟成肉」によって食材の旨味を科学的に向上させ、お客様各々のご予約のお肉をカスタマイズするために「ミートキープ」というシステムを確立し、そのために大型の熟成庫を店内に作りました。これらにより理想のサービス形態に近づけたのです。

こうして僕の伝えたいこと、やりたいことをまるでおもちゃ箱のように詰め込んだお店、それが「クロッサムモリタ」なのです。

023

店側に「これだけは守ってほしい」というルールがあってもいい

それぞれのお店の特徴をお伝えしてきましたが、ここからは各店舗の仕組みや狙いについて、より詳しくお伝えしていければと思います。

まず、六花界を含め、当グループには飲食店ではきわめて珍しいルールが存在します。

それは、**「携帯電話禁止」「私語禁止」「SNS禁止」**などです。

「面倒くさい」と思いますよね（笑）。

ただこれは、奇をてらったり、狙って話題作りのために行ったことではないのです。お客様の居心地の良いように、楽しんでいただけるようにと考えていったら、結果的に自分のお店のルールはそうなりました。

そもそも日本の飲食店のサービスは、「おもてなし」の形が過剰にへりくだりすぎていて、お客様との関係にいびつさを感じることがあります。たまにはちょっと変わったお店があっても良いと思うんです。

たとえば六花界では、自由度が高く、そして狭いからこそ起こる問題もたくさんあります。そこで、スタッフで共有するルールができました。

グラスを割ったり、酔って女性のお客様に絡むのはよくないから、お会計が3000円を超えたらいったんお声がけするようにしています。

六花界を始めて数年間、ありがたいことにメディアに取り上げていただけて、そのたびに新しいお客様がいらっしゃってくださいました。

ただ、そうしたお客様が過度に酔っ払ってしまった時などは、「他のお客様にご迷惑がかかりますので」とお伝えしても、「立ち飲みのくせに！」とか、「私は客だぞ！」とよく言われたものです。

しかし飲食とて、双方に礼儀あり。畳には土足で上がっていただけないのと同じように、「お店のルール」があってしかるべきだと思います。**浸透するまでに時間がかかったとしても、これだけはというルールがあってもいい**のではないでしょうか。

六花界の場合は、必ず乾杯をして、みんなで会話し、まわりの人と焼肉を楽しんでもらいます。お肉は焦がさず食べて、日本酒の造り手にも感謝をして、ワイワイ楽しく食事します。これが、六花界のルール、礼儀作法です。

そして六花界以外の店舗では、基本的に写真撮影はご遠慮いただいております。一番の理由は、写真に気を取られていると、お料理の旬が過ぎてしまうからです。

僕は料理を作る時には、必ず手元に温度計とストップウォッチを置いています。このタイミングとこの温度で食べてもらいたい！　という思いがあるのです。

しかし写真を撮ることで、まずその料理の一番の旬を逃すことになります。

さらに、その写真をシェアしたとして、果たして見た人は、食べた人と同じ気持ちをシェアできるのだろうか？　という気持ちもあるのです。

僕は、食べた思い出を他人とシェアすることはそもそも不可能だと考えています。お料理は春夏秋冬、季節の表現でもあり、一期一会。瞬間に出会いと別れを経験するものであり、記録では語れません。

本来、その人が経験した食体験は、その人の記憶の中にだけあればいいと考えています。ですから極端に言えば、料理の写真をアップするというのは「過去の恋人の写真をフェイスブックにあげる」のと同じようなものなのです。

さらに言えば、僕の料理はスピード感もあるため、「この写真、見てくれた人がいいね！してくれるかなぁ」と考えながら食事をしていただくのではなく、より真剣に食べていただいて、心に記憶していただきたい。そして忘れないうちに、また来ていただけたらいいなど考えています。

こう伝えるとよけいに「面倒くさい」と思われるかもしれないのですが（笑）、実際に体験していないものをたった何枚かの写真で判断されたくないというのが本音です。

それは僕だけでなく、すべての料理人が、自分が必死に考えた料理をたった一枚の写真でわかった気になってほしくない！　と思っているはずです。

僕がお料理をお届けするお客様とは、何年も関係を保てる人でありたいと思っています。家庭料理のように、何十年もお料理を作り続けたい。そして、お店に来ていただくその日を楽しみにしてほしい。食材も本日の旬を限定し、オートクチュールで作りたい。

しかしその代わり、お値段にはこだわりたいのです。

たとえば「御一人様＝10万円」にしたら、「ハードルの高いお店なんだな」と構えていただけて、お客様をふるい分けることもできるかもしれませんが、「お金を出せる方」＝「僕が来ていただきたいと思うお客様」ではありません。

六花界は、４００円でお酒が飲めて、お肉は５００円から。合計９００円で１皿とワンドリンクが楽しめます。10年前のオープン当初から、２度の消費税改正や原価高騰にも一切負けておりません。

初花一家は今では少しお値段をいただけるようになりましたが、当初は4800円で10カ所以上のお肉の部位の食べ比べと日本酒3種類のペアリングでした。

他の店舗も1万円を超えることはありませんが、唯一クロッサムモリタだけは完全オーダー制に対応し、その日のためにお肉をミートキープで熟成し、アレルギーに対応したお料理を作るため1万円（税・ドリンク別）をやっといただいております。

プロジェクションマッピングと融合した完全個室で、僕がお料理をするシェフズテーブルと、ラボの3つを合わせたお料理のコースでも1万円台（税・ドリンク別）です。

自分で言うのもなんですが、他のレストランと比べれば異常な原価率で、ハイコストパフォーマンスだと思います。

クロッサムモリタではドレスコードを設け、食事中お仕事のお話は控えていただいて、写真撮影やSNSへの記載もご遠慮いただくなど、さまざまなご不便をお願いしています。

しかし、実際に来ていただけたら必ず満足していただけるようにがんばります。値段や情報、写真で判断できないことを肌で感じていただける空間を目指しています。

時代の逆を行くようなやり方かもしれないのですが、今の日本に本当に大切なことだと思って、このようなルールや価格への挑戦をしている次第です。

024 六花界グループにメニューがない理由

次に、メニューの話をしましょう。六花界グループには全店舗、メニューがありません。

僕自身、メニューは大好きです。他のお店に行けば、ずーっとメニューを見ています。厨房の様子をのぞいている感じがするし、スタッフの動きを想像して、経営者と会話している気分になります。

たとえば同じ食べ物やメニューでも、価格帯が3つ用意されていると、人は心理的に真ん中のものを頼むようになっています。飲食店の専門用語で「松竹梅の法則」といいますが、「なるほど、このメニューが利益率が高いのか！」と上下の価格と内容を比較したり、赤文字で「560円→特価420円」となっているメニューには「アンカリング効果」というのを利用していて、最初に大きな数字を見せて、次の数字で安く見せて購買意欲をかき立てる手法なのですが、僕はこれを見ると「たくさん入荷できたのかな？」と考えたりします。メニューは、そのお店そのものをあらわしているのです。

しかし、六花界グループはあえてメニューを作りません。

理由はいくつかありますが、まず、飲食店の業務として「メニュー作り」は結構な労働です。そのわりに購買促進効果は薄く、メニューがあることでお客様とのコミュニケーションが減ってしまうことにもつながります。僕が考える「飲食店のあるべき姿」とは少し離れてしまいますので、僕の店ではメニューはなしにさせてもらっています。

逆に、メニューがあるせいで「がっかりした経験」ってありませんか？「頼んだら写真とぜんぜん違うじゃん」とか、もはや「変わってる」を通り越してまったく意味のわからない料理名とか（笑）。メニュー名に関しては、お客様はさまざまなメニューに慣れきっています。お客様こそメニューのプロなのです。

なのに、ネット検索で出てくる「お客様がオーダーしたくなるメニュー内容作りのポイント」といった記事には、

・盛り付けを派手にすること
・299円などの中途半端な値段設定
・エンタメ性のあるネーミングセンスと文字の装飾

などなど……。**僕は全部好きじゃないです。どこで勝負してるんだと**。

また、メニューに書くということは提供しなきゃいけないということ。つまり、在庫を

抱えなきゃいけないということにもなります。経営的ロスを考えると、賞味期限ギリギリまで食材のストックをすることもあり得るし、いつ来ても金額が一定っていうのも、新鮮なものは価格が市場で変動するのでなかなか難しいはずです。

食材のアレルギーがあるので抜いてもらいたいと言っても「それはできません」と言われるなど、メニューがあることで不自由が生まれている場合もあります。

僕はいろいろ考えた結果、料理人が料理できるのはあたりまえなのだから、いっそ素材だけ書いてたらいいのになぁと考えています。

実際六花界では、

- **1000円分の赤身だけ盛り合わせ**
- **1000円分のハラミを1切れ**
- **1000円でタンにキムチをトッピング**

と、自由気ままに人気メニューをお客様にカスタマイズしていただけます。

メニューのあるなしには一長一短ありますが、メニューをなくしても、**コミュニケーションをとって信頼関係を作ることはできます**。〜がなければいけないという思い込みをなくしてみると、自分のやりたいことが見えてきやすくなるかもしれません。

025

アートくらい食事に価値をつけるには？「旅スル日本酒」プロジェクト

人間の生活の基本に「衣・食・住」があります。「オートクチュール」は、お洋服をオーダーメイドで作る一点物。「マイホーム」は、その人が住むためにつくるこの世で一つの住宅。

しかし、食事には一点物って存在しないですよね。

食をオートクチュールと捉えるなら、アレルギーや食べ物の嗜好など、その人自身のことを知り、その人のためだけに作る料理や空間ということになります。

僕は、もっとも特別な空間であるクロッサムモリタを**「オートクチュールレストラン」**と位置づけ、自ら食材、調理、空間の設計を行っています。

一番近いイメージだと、「茶事《ちゃじ》」です。食事（懐石《かいせき》）を伴った個人に向けた正式なおもてなしが茶事として行われてきました。僕はこれを現代的に進化させようと思いました。

クロッサムモリタで行っているミートキープは、お客様のご予約の60日前から始まります。お出しする料理は、お客様とのお付き合いの中で得た思い出から構想します。クロッサムでは、お越しいただくすべての常連様、幹事様のデータを六花界や初花一家の時から10年近くストックしており、その人にカスタマイズしたお料理を提供するようにしているのです。

そして、当日は食材や料理に合わせたプロジェクションマッピングによって空間を彩り、食器も手作りであつらえ、ご予約の方だけの格別な体験をしていただければと考えています。

このようにしている根本には、**「食でアートを超えたい」**という思いがあります。

たとえば絵画。お皿のサイズが直径30㎝だとして、30㎝四方の絵画が100万円以上で取引される画家はたくさんいます。

しかし、お料理1皿を100万円で提供できる料理人はいませんよね。

なぜか？　ほとんどの人は、その理由を「金銭価値が違うから」と言うでしょう。

では、なぜ金銭価値が違うのかというと、食べることは消費であり、より物質的なもの、使い捨てられるものというイメージが強いからではないでしょうか。つまり、「今の食はアートの領域に迫ってすらいない」というのが僕の考えです。

だから、**食事をしていただく2時間をアートの領域にまで価値を高めたい**と僕は考えています。味覚や嗅覚だけでなく、五感、六感をフルに使って満喫していただきたい。そんな思いでクロッサムを経営しています。

ただ、アートを知らない人がバンクシーの絵を見ても「ふーん」となるだけなのと同じで、その価値を「理解してくれる人」「認めてくれる人」が必要になります。食がアートの領域に進化するには、美味しいだけや、見た目が美しいだけではダメなのです。

そこで一つの要素として考えているのが飲み物です。

僕は、**自分の手で世界最高の飲み物を造りたい**と考えました。

そもそもお酒の中には、絵画以上に価値を持つものもあります。たとえば、世界一高価なお酒はＤＲＣロマネコンティ。ロマネコンティはフランスのブルゴーニュ地域の小さな畑でとれたぶどうを、小さな醸造場で発酵にかけたお酒のことです。

なぜお酒にこのような価値が生まれるかといえば、お酒には酒税法があり、決められた場所でしか造られることを認められていません。それをテロワールと呼びます。

「そこでしか造られない特別なもの」であり、背景のストーリーが見えてくるからこそ、同じ品種のぶどうを使ったワインの間でも価値の差が生まれるのです。

日本酒も同じように、場所を決められその区画の中でしか発酵させることを許されていません。しかし日本酒の場合、兵庫県産の山田錦を日本中のどこの場所に持っていってお酒にしても「地酒」になります。ここに突破口があると考えました。

世界中の法律を調べたところ、アルコール度数が数％未満であれば清涼飲料水として認識される国があり、自家醸造が認められた国もありました。

そこで、僕はあるプロジェクトを考えました。**世界初となる、移動をしながら発酵を進め、日本酒を造るプロジェクト「旅スル日本酒」です。**

目標は、ボトル1本で100万円を超える金額のお酒を造ること。自分たちだけで造ることはできなかったので、伝統と歴史のある酒蔵に協力をお願いしました。

このプロジェクトを行うのに、すべての条件に合致する最適な場所はロシアでした。ロシア連邦政府にもご協力をいただき、2019年に旅がスタート。**醸造タンクを荷台に積んだ軽トラックでウラジオストクからモスクワまで移動しながら、「並行複発酵」という日本酒独自の発酵方法で醸造していきます。**

地球の4分の1に相当する1万500㎞を走り、完成した日本酒（清酒）はこれまでの清酒の概念をくつがえすような風味と香りを持ち、最高の品質となりました。

僕たちはこのお酒を「十輪《トワ》（旅スル日本酒）」と名づけ、２０２１年4月17日、その価値を見識を持つ方々に問うため、世界的なワインオークションである「シンワオークション」に出品しました。値付けは自分でしてはいけないのです！

その結果、なんと！「十輪（旅スル日本酒）」は日本酒史上最高額の４４０万円で落札されました。さらには、２０２０東京オリンピックで各国の要人の方々に振る舞われるというお話もいただくことができました。

でも、これはまだまだ助走に過ぎません。

食事でアートを超えていくためにも、世界に日本酒ありということをより示していく活動を今後も続けてまいります。

詳しい旅の様子はYouTubeでも紹介していますので、よろしければ覗いてみてください。

【「前人未踏！旅スル日本酒」】

026

内緒と約束ごとだらけの秘密結社は今日も進化し続けています

飲食店には会員制ブームが広がっていますが、２店舗目の「初花一家」はそのパイオニアでした。

「立ち食い焼肉」も「ひとり焼肉」「会員制焼肉」も「日本酒と焼肉」も「劇場型焼肉」も僕が世に広めた商売の形態だと思っていますが、六花界グループは会員制ではありません。

「初花一家」も「クロッサムモリタ」も、会員制ではなくどなた様にもお越しいただけるのですが、完全予約制で枠が限られているため、ご予約いただけるのは六花界の常連様に限定させていただいています。

常連様が幹事となり、そのご友人へのきちんとしたお料理のおもてなしと、その人と出会ってからのストーリーをお料理で表現する「食の旅」を楽しんでいただく場として考えているからです。

クロッサムモリタでは、お客様は最寄り駅で集合し、「案内人」が時間とともにお迎えに上がります。

駅前に当日参加するすべての皆様が集合した段階でお迎えに上がり、全員で移動を始めます。何とも怪しげなラブホテル群を抜けた先に洋館があり、こちらは築60年ほどの豪華な大理石の建物。お庭には桜の木があり、ウェルカムドリンクを広場で飲んで、注意事項を説明され携帯電話を没収され、私語厳禁で入店。全部で20品ほどのお料理を、すべて牛肉を使って表現します。地下100mからミネラルウォーターが湧いており、お米を炊くのも、大切な食材の仕込み水もそのお水で賄っています。

予約先は開示せず、場所も営業時間も秘密。メニューもなくて私語厳禁、携帯電話もNG。スタッフが誰かもわからない、SNSにも上がらないけど実在していて、2年先の予約を取っています。秘密結社のようなお店です。

これだけ伝えると、何だそりゃ？ ですよね（笑）。

しかし、クロッサムのシェフズテーブルにお越しの方々の中には、涙を流して喜んで帰ってくださる方もいます。

自分の料理で涙を流していただける、料理人としてこんなに嬉しいことはありません。

2018年からはお店と同じ面積の研究所も作り、お肉を何度で焼くと美味しいのか、焼いた後の放置時間に対しての水分の放出量はどれぐらいあるのかや、熟成と発酵の違いなどの研究をしています。

さらにこの研究所では、お肉だけではなくお魚の熟成もデータをとりはじめ、週末に「超常連さん」だけに5000円でモニターになっていただいて新しい料理を食べてもらう会も開催しています。このモニター様だけが、唯一会員と言ってもいいかもしれません（笑）。

とにかく、何をやっているかわからないけれど、まったくの前情報なしでやってきた人が感動できる体験を提供できるようにと、秘密結社を強化し続けているのです。

027

食品ロスをなくすための六花界的食物連鎖の仕組み

農林水産省及び環境省「平成30年度推計」の公表によると、日本の食品廃棄物は年間2531万トンで、まだ食べられるのに廃棄される「食品ロス」は600万トンに及びます。一日一人あたりに換算すると「お茶碗約1杯分（約130g）」が毎日捨てられています。

僕たちはフードロス問題に企業として取り組み、削減に努めています。実際、食材のロスはほとんどありません。「ここは使わないから捨ててしまおう」「仕方ないから○○にしておこう」などがないのです。命の端切れは全部活かすように努力します。そのためにも、価格帯の違う多ジャンルのお店を経営しています。

来ていただくお客様はご予約の段階で把握しているので、使うべきお肉の量も数カ月先まで読めるのでムダな仕入れはしていません。

店舗ごと料理の種類にも幅があるので、食材を余すことなく他の店舗とシェアすることができスタッフの料理の技術向上にもつながります。流れとしては、まずクロッサムモリタで運ばれてきた塊から一番大切な部位を切り取り、一番作りたいお料理を作ります。余った「素敵な命の端っこ」は、六花界・初花一家・吟花など、各店舗に。

つまり、クロッサムモリタのお肉が1皿500円の六花界価格で食べられることもあるのです。当然六花界でも同じようにご説明をするので、またその話で盛り上がってくれて循環します。牛さんの命がムダにならないように皆様に助けられています。

また、クロッサムモリタの隣に「発酵研究所」ができたことによって端材を活用した発酵や熟成、加工の研究・開発に取り組んでいます。本来ならロス化してしまう食材も、ほとんどのものは発酵により食品化し、保存ができるのです。

牛一頭一頭の命を扱っているからこそ、「仕方ないから破棄」を削減し、グループ内で食材を循環させる「命のリサイクル」を成り立たせています。

グループの各店舗に売り上げを競わせるような企業ではこのようなことはできないと思います。すべて一つ。シェアしても元は一つ。**理念も食材も仲間も、循環の連鎖がある**のです。そしてさらに、僕たちは2019年、念願だった一次産業に関われる機会を手に入れました。度重なる協議の上、熊本・天草の田中健司さんと共同で新しいブランドを立ち上げました。その名も「もりたなか牛」です。

まだ一般販売はしておらず、一部飲食店様や僕のオンラインサロンのメンバー限定の販売で、味の感想のフィードバックをもらいながら和牛の育成・研究をしています。天才牛飼いである田中さんの膨大な知識と力をお借りし、血統も管理した上で、その命を育てていただいています。当然、出産にも立ち会います。牛は出産まで300日。つまり人間と共に歩んできた仲間で家族なのです。

その命をいただく。だから僕はお料理の説明をする時にただ「使った食材はどこどこの○○です、それをこのように調理しました」というような説明の仕方は絶対にしません。それぞれの食材が育ってきた環境やストーリーをしっかりとお伝えします。

奪った命を、召し上がっていただく一瞬で表現できるように素材が一番喜んでくれることを考えることが料理人として伝えなければいけないことだと思います。

「食材＝命」だからです。

僕たち人間は他者の命をいただかなければ生きていけません、そこに感謝と敬意を持てれば、あらゆる企業や人が意識を自分から食材に向けられれば、フードロス問題はきっと解決できると信じています。

【もりたなか牛】

第3章

経営者としての哲学

028

同じ志を持つ仲間を集めるにはどうすればよいか？

ここまでお店の特徴や仕組み、込めた思いについて話をしてきました。

この第3章では、経営者という立場やこれまでのキャリアの中で感じてきたことや、今現在していることをお伝えできればと思います。

六花界を立ち上げる前、建築士として独立した25歳当時のことです。

僕は「自分の力でやっていける！」と自惚れていました。独立後間もなく受けた設計のボリュームを見誤ってしまい、どうにもこうにもならない状況に。

悩んだ自分が最初にしたことは**「できないことを素直に受け入れる」**ことでした。

とはいえ、すでに受注しており、今さら「できない！」とは言えるはずもなく、お世話になった先輩方に素直に自分の置かれている状況を説明し、助けていただきました。

この時初めて実感したのが、夢や事業や目的の成功のためには「仲間」が必要だということです。自分一人ではできないことの方が多いのです。

正直、自分でやってしまった方が楽な時もあります。「自分がもう一人いれば」と思うこともあるでしょう。

でも、仕事のスケールが大きくなればなるほど、仲間の力が必要になってくるのです。**「自分がもう一人いれば……」――そう考えている時は、非常に危険です**。切羽詰まってくると視野が狭まってしまい、「世界に自分しかいない」というひとりぼっち感が、言葉や表情に出てしまっています。

誰かを必要とし、自分が必要とされることを忘れてしまうと、他人を尊重できなくなります。そんな状態で良いものができるはずがないのです。上手に人に頼るためには、自分の能力を知り、他人を理解することから始まります。

もっとも大切なのはどうやって仲間に伝えるか。

僕が思う良い方法は、「相手を信頼し、方向性、到達点、達成までの速度を明確に示し、共有すること」です。

つまり、あれこれ細かく指示や情報共有をするのではなく、やりたいことの大きな方向性と、具体的な中間ゴール、そして最終ゴールを示して、それをいつまでにやりたいと考えているかを宣言します。

クラブ活動や趣味のサークルと同じで「2カ月後に試合があるので、練習して勝ちましょう！」と宣言することと同じ。自分の頭の中で考えていることを、はっきり言語化するだけです。賛同してくれる人は、絶対に理解して協力してくれます。

誰しも、「人に頼られる人になりなさい」と言われ、育てられてきたはず。でも「人に頼る」ことはあまり教えられてきませんでした。**思い切って頼ることは、人とのつながりにおいて、とても大切なことなのです。**

もっと早くこのことに気づけていたら、もっと早く良い経営者になれていたと思います。もっとたくさんの方々と良い友達になれたと思います。

ただ、とにかく人を集めすぎてしまうと、パワーバランスが生まれたり、エゴが発生したり、仲間を維持することに余計な労力を考えなくてはならなくなってしまいます。

関係を継続させるために考えておくことは、とにかく「省エネ」であること。

何かをするのに、誰かと24時間一緒にいるようではいけません。時間だけ共有して何も進まないことが多いからです。

そうではなく、**わずかな時間であっても、また一緒にいなくても目的を共有できていることが理想の状態**です。まさにこのコロナ禍においてリモートワークで皆様も気づいたのではないでしょうか？

お願いする人がプロジェクトに対してコミットメントの時間をできるだけ短くします。「このタイミングで、あなたのこの能力が必要だ」と人を集め、瞬間的に集合し、瞬間的に解散できる関係が理想です。

僕はそれを「限定コミューン」と呼んでいます。「コミュニティー」は地域や限定された場所で、常に支え合う近所付き合いのイメージですが、僕の考えている「コミューン」は、能力は違うけれども考えの思考性が似ている人たちが瞬間的に集まるイメージ。別に日本人じゃなくても、日本語がしゃべれなくてもOKです。インターネットで顔も知らない人と出会うのもいいでしょう。極端な話、人間じゃなくて「素材」の場合もあります。

料理なんてその最たるもので、表現したい味を作るのに、世界中で生きていた食材が、お皿の上に一堂に集合するのですから、まさにその時だけの「限定コミューン」。こんな夢みたいな、理想的なことができるのが、今の時代です。

ブログでもインスタでも、やりたいことを発信していくことで共感してくれる人が集まってきてくれることもあるでしょう。

クロッサムモリタでは、陶芸家にオリジナルの器を、書家にロゴデザインを、野菜ソムリエに家庭菜園を、鉄鋼ディレクターに壁の装飾を、そして映像ディレクターにプロジェクションマッピングの映像を作ってもらいました。

僕がしたのは、彼らに自分の世界観を一つひとつ伝えることだけでした。

「どうやって仲間に伝えるか?」を第一に考え、ビジョンを映像化できるくらい鮮明なものにしておくことが重要です。

僕はまず六花界を始め、その後新しいコンセプトのお店を展開してきましたが、そのすべてを細かく自分で決めてきたわけではなく、僕がしたのはビジョンをまわりに伝え、共有していくことだけです。気がつくと、各分野のプロが集まって具現化してくれていたのです。

ただ、毎回仲間をゼロから探すのはすごい労力なので、共通のビジョンを持つ仲間と信頼関係を常に構築できる**「流動的コミューン」**の状態でいられたらいいと思います。

お互いがお互いに影響を受け、「もっとこんな挑戦をしてみたい」「成功させて仲間にお返しをしたい」という意欲が湧いてくるチームをぜひ目指してみてください。

そのためには、自分自身も必要とされる能力を磨いておかないとなりません。

その繰り返しのサイクルが、経営者として成長をさせてくれます。

029

お金ではなく、自分の魅力で人とつながれるように

前項でもお伝えしたように、経営者にとって大切なことは**仲間に「未来を見せる」こと**です。

そのことを教えてくれたのは、一人のスタッフでした。

六花界グループは創業から人材の募集をしたことがありませんでした。六花界の常連様がそのままスタッフとなって助けてくれて4店舗まで増えましたが、クロッサムを作る時に初めて各分野のプロフェッショナルに参加していただくために人材募集を行いました。

しかし、うまくいきませんでした。自分に自信がなくなるほどダメでした。

そうして頭を抱えている時、スタッフがこんなことを伝えてくれました。

「森田さんと一緒に働いている理由は、未来を見せてくれるからです。『こうすると、こうなるよ～』と実際言われていたことが理解できていなかった時期もありました。『どうしてわからないの？』と叱られたりしましたが、だんだんと森田さんの言うことが、本当

にその通りになっていくのが不思議で楽しいから一緒にいるんです。新しく入ってくるみんなにも未来を見せてあげてください！」

僕はクロッサムの立ち上げ時、建築や他のデザインの仕事が忙しくて、確かにスタッフとの会話がほとんどなくなっていたかもしれません。会話をほとんどせず、募集したスタッフの方々にも労働条件だけを伝えてしまっていました。条件だけでは、人は動きません。具体的な未来のビジョンが人を動かすことに気づかせてくれました。

このことは、建築や他の仕事では気づけなかったことでした。もっともチームワークの必要とされる飲食業だからこそ、このことに気づけたのです。

では、もしも今、何者でもない人が、人脈も、財力も、技術もない人が、どうやって未来を見せるか？

それは**「形にするために、多くの人に自分の言葉で伝えること」**です。

未来を誰かに叫んでください！「立ち食い焼肉を作るぞ！」でも何でもいいです。

それに対して一生懸命に汗を流してがんばっている姿は美しく魅力的です。

一つ重要なことは、自分がやろうとしていることの内容がよければいいわけではありません。店やビジネススタイル、モデルケース、習い事に魅力があるのは当然なのです。

その魅力をもっと光らせるには、アンバサダーであるあなた本人が魅力的であれば、もっともっと応援してもらえるのではないかと考えてみてください。

そして応援の形は、金銭であってはいけません。

僕は今まで借金は1円もありません。

資金は大切です、事業を拡大する際には必要な時もあるんだと思います。

しかし、ほとんどの会社勤めの健全な人は借金を考えると夢をあきらめてしまいます。でも、理念や夢や仲間に「未来を見せる」ことにお金は必要ありません。断言できます！何かを始めるきっかけに必要な貯金さえあれば大丈夫です。なければ、身の回りの物を売ってください。その努力を知ってもらうことも魅力になると思います。

借金をするのではなく正面から応援をしていただける、魅力的な自分であることです。

経営とは水平線の広がる大海原を大航海するかのようです。

あるのかわからない宝物を「絶対あるんだ！」と信じて、その未来を共有した仲間と一緒に見たことのない景色に挑戦するのです。まずは自分のポテンシャルを向上させ、未来を叫んで一緒に闘える仲間を集めてください。自分の力で未来を話してください。仕事も恋愛も自分の夢も、誰かに話すことで、未来を具体的に現実にすることができます。

030

探究心を持ち続けると、必要なものがどんどんそろっていく

飲食業をやっていて、「こんな素晴らしい仕事はないな」と毎日思います。

たくさんの方々にお越しいただいて、毎日「ありがとう」と言っていただいて、さらにさまざまな分野において活躍されている方々に、僕が思いもしない着眼点や、表現の方法を勉強させていただけるから。

先日も店内のレイアウトで悩んでいたスペースに「グランドピアノを置きませんか？」と言ってくださった音楽家の方がおられましたが、今までの自分にない、値千金《あたいせんきん》の考え方や発想を、何度もご縁の中でいただきました。

たとえばある漫画家さんは、「もし自分の漫画の登場人物に森田が出たら、どういうことを話し、動くだろうか」と話してくれました。

僕自身、自分のウリは何といっても料理の「味」であり、お客様の一番印象に残っているところなんだろうと思っていたのですが、その漫画家さんいわく**「料理中の表現が美し**

いよね」と。言葉や所作など、料理を美しく表現する方法が素晴らしいとおっしゃっていただいたのです。それ以来、包丁で食材を切る音、スモークの技法、照明の当たり方を変え、より美しく見えるようにしました。

またあるお医者様からは、僕が肉をさばく時の様子を手術になぞらえ、動脈や静脈の切り取り方、脂質《ししつ》やお肉に対してどの層に分けながらポーションを作っていくのかという視点で見てくださった方がいます。包丁をメスのように考えると、たしかに内臓や血管のさばき方やお肉を切り分ける技術が繊細になるのです。

さらに、鍼灸《しんきゅう》師や獣医師などの先生たちには、肉を食材以外に使う可能性と活用方法、また逆に食材への転用の可能性や、どんな食材も「命の切れ端」として大切にする考え方を教わりました。

他にも、発酵、医学、ＶＲ、統計学、心理学、物理学、農学、経営学など、大学で研究をしている先生たちとの出会いによって、料理や調理も「研究や分析」として捉えることでデータ化できることに気づき、森田発酵研究所の創設につながりました。

特に物理学の教授には、植物の呼吸量の測定方法なども教わり、解析データを食材に適応することで教科書にない料理法を考えるきっかけをいただき、食材そのものへの疑問が研究につながることを知ったのです。

たとえば牛の首にセンサーを付けて咀嚼《そしゃく》の回数をカウントし、エサが内臓へ与える負担や、将来食材としてどう影響するかをモニタリングしています。また発酵の技術を熟成肉に応用することで、日本酒吟醸熟成肉の研究も飛躍的に進めることができました。

専門家でない方々にも発見をさせていただいています。

お子様や学生の方々も時折お越しくださいますが、素直な反応で、どことも比較しない意見をいただくことができます。

自分の料理に対し、美味しい時はほっぺたを膨らませて喜んでくれるし、5歳の子が大人と同じように20品近くのフルコースをすべて平らげてくれたこともあります！　説明に力が入りすぎて、しかしながら感情移入をしてくれたおかげで大粒の涙を流して喜んでくれるお客様もいました。そのすべての反応が僕にとって宝物です。

そしてもちろん、食材に対してのプロにもお会いしてきました。

一般では手に入りにくい羅臼《らうす》の天然昆布、世界一に輝いたレストランに卸す発酵黒ニンニク農家さん、自分の代で牛舎を畳むと言われた伝説の仙台牛の牛飼い、山ごと貸してくれると言ってくれた自然薯《じねんじょ》農家さん、六花界オープン時からお付き合いをいただいているトウモロコシ農家さん、復興と地産地消を科学的に研究して世界一甘い桃を作る果樹園、日本一の技術を持つ車海老養殖者……数え上げるとキリがないほど、僕の料理には誰も欠かすことができない、その食材の力があってお料理ができています。

このような生産者や技術関係者の方々、また僕のやっていることに共鳴してくれる方々と出会えたのも、お客様との距離が近く、自分の想いをぶつけることができる場所だったからこそだと思います。

そして、こうして得た宝を還元する場所が、六花界やそれ以外の店舗であり、世の中に還元することで、また違う感性の共鳴が生まれ、さらなる財産を得ることができます。

ぜひ、自分にないたくさんの考え方をインストールできる環境を作ってみてください。

探究心というベクトルを持つことで、人はそのベクトルに対しちゃんと応えてくれます。

自分が無防備になって人と向き合うことで、相手が誰であれ、最後には感性が共鳴し深い絆が生まれるのです。

少しずつ伝搬することを意識してみてください。伝搬し、還元すること。それを続けていけば伝搬の輪が広がり、還元のサイクルが生まれ、生きがいが生まれることでしょう。

031

肌に合わないこともやって初めて見えてきた、本当にやりたいこと

副業と似た言葉に**「パラレルキャリア」**があります。僕の考え方では、本業＋αの収入を目的にした場合が副業。一方、**夢など実現したいことのとっかかりとして、本業以外の活動をすることをパラレルキャリア**と考えています。

経営者でも会社員でもフリーランスでも、自分自身のキャリアを考えた時に重要なのがこのパラレルキャリアの考え方です。

僕は現在、関わっている事業がいくつかあるので、日々並行して活動をしています。

たとえば午前中は建築デザイン、ランチタイムはレストランの新メニュー考案、その後講演会資料を作って、夕方には輸出輸入の相場動向の報告を受けながら、翌日の商品の出荷を確認し、夜はお店でお客様にお料理をふるまう……といった感じです。

しかし、そのすべてが収入を目的として始めたものではありません。

「ワクワクするから」とか「自分の力を試したい！」と思って始めてみたら、いつの間に

かそれぞれの仕事からお金が入ってくるようになりました。

でも、こんな生活になったのは最近のことです。会社勤めの時は想像もしていなかったし、いわゆる「仕事人間」になることは嫌で仕方がありませんでした。


僕は元々理工学部卒なので、就活の時専門職を選ぶ人間がほとんどだったのですが、時代は超就職氷河期。学科生全員２００名の中で、建築関係に就職できたのは50名ほどで、そのほとんどは工事関係の現場仕事。設計関係の会社に入社できたのは5名ほどでした。つまり40倍の難関就職です。今のコロナ不況よりひどかったと言えるでしょう。

自分は運よく設計事務所に入れたのですが、だからこそ、しがみついてでも技術者として一流になろうと思いました。

でもその半面、別の分野に就職をした人の就職先を羨ましくも思いました。というのも、不景気は変わらず、建築業界はどんどん底をつき、他の業界の方が華やかで、大学から一本の道を進んでいる自分には他の人の働き方が輝いて見えたのです。

その後独立し、技術者として一流になることを目指すのですが、景気は悪化し続け、食べるためには何でもやる必要がありました。建築デザインを軸に、リサイクル業・ＮＰＯ法人・ボクシングトレーナーなど、さまざまです。

思いついたことはあちこち手を出し、その様子は傍から見れば充実しているように見えていたかもしれません。しかしながら、ぜんぜん自由は感じませんでした。忙しすぎて思った成果を出せず、生きることで精いっぱいになっていたこともあります。

そこで、「自由というのは時間のことなのかな?」と思い公務員にもなったのですが、残念ながらそれも違いました。

公務員は副業が禁止で、報酬や金銭の授受は禁止されていますが、社外活動は広く認められており、キャリアのための時間は多く用意されているのです。

やりがいのある仕事に定時退社、用意されたアフターファイブ。自分の時間は増えたのですが、それでも自由には感じませんでした。安定した生活を手に入れたのと引き換えに、自分にとっては大きな動物園の中にいるような気持ちでした。

金銭が発生するからこそプロとして必要とされ、冒険をして努力をして、評価されることで自由を感じるのではないか?　上司のご機嫌取りに費やしているこの時間を、もっと別のことで使った方がいいのではないか?

そう思い、29歳の時に公務員生活にピリオドを打ち、自営業に戻りました。

今度は、「食べるために何でもやる」ことはやめました。「やりたいことをやろう!」と。

そして、六花界を作ることになるのです。

僕がそうした経験をしてきて大切だと思うのは、せっかく得てきた経験をムダにしないということ。自分がやろうとしていることに対し、過去の経験や視点をふまえてアプローチしていくことです。

「あの日、あの時の自分だったらこうする！」と考えて、それまでと同じ延長線上でやらないことが重要だと思います。それが不快な体験だったとしても、その中で得た知識・技術・物の見方など、役立つことはいくらでもあるのです。

たとえば僕の場合であれば、設計などの技術的な話だけではなく、ムダをなくすことの大切さなどは公務員生活を経験したことで気づいたことでもあります。

つまり、僕が考えるパラレルキャリアの最大のメリットとは、自分の経験と知識を増やすことで、視点を大きく広げることだと考えています。新しい経験をすると、いつも見る同じような景色にも新たな気づきが生まれるのです。

ただし、必ずしも新しく始める必要はないとも思います。**もし自分にとって日常が繰り返しの連続で退屈に感じているのであれば、まず自分の立ち位置を変えてみてください。**

世の中は常にプロの知恵や技術、洗練された考えであふれています。高いお金を出して美術館やコンサート、海外に行かなくても、街に出ればたくさんのプロダクトやデザインで勉強することだってできます。それに気づくのは自分自身の目線次第なのです。

もっと自由になりましょう。僕は、今が一番楽しくて自由に感じています。

032

もしも僕が総理大臣になったら、公約は「飲食店のチェーン化は10店舗まで」

僕は今、飲食業の未来を真剣に考えています。飲食店自体も多様化し、飲食ビジネス全般の形態も、IT業態も含めた仲卸業者や小売業者などたくさんの選択肢が増え、新規参入はもちろんのこと、既存店も大きな変化を求められています。何より、新型コロナウイルス感染症を経験し、営業自体が困難な局面も経験することとなりました。

たとえば、立地とコンセプトと内装で満足度を追求するチェーン店と、一から店舗を作り込んでコースで提供する個人店では、お料理やサービス、客単価、客層などがまったく違います。つまり、それぞれの経営者が「お客様に必要」と考える観点が違うのです。

チェーン店の企業努力は凄まじく、個人店が同様の研究開発を行うことは資金面・人材ともに難しく、個人店にはよりクリエイティブな個性が求められます。この二分化は今後ますます進んでいくと思います。つまり、そこにニーズも生まれます。

飲食業界にもテクノロジー化が不可欠となってきていますが、依然としてマンパワーが大きく影響する業界でもあるため、旧態依然のアナログ領域な部分がほとんどです。さらに優秀な人材の他業界への流出や、食品の安全面の問題、さらに価格競争などで、業界自体の維持が困難な時代になりました。

先進的なテクノロジーは必要だと誰しも理解していますが、実直に料理だけを追求してきた料理人には、その判断が難しいのも現実です。

とにかく世界的に見ても日本国内の飲食店の数や密度はダントツに多く、価格競争が熾烈で、大手まとめサイトなどでは広告による情報操作も存在し、本当に美味しいものを選ぶことすら困難です。

街の景観も、駅前は煌《きら》びやかなネオン一色で、どの駅で降りても飲食店の看板戦争が勃発しており、呼び込みも過激化していてとても不快です。

この負のスパイラルを解決するためにどうしたらいいんだろうか……。

考えたのは、僕が総理大臣になったら、

「飲食店のチェーン店化を10店舗までに制限する！」

ことです。冗談みたいなまじめな話です。

「できては潰れる飲食店」の数をなくし、継続性のあるお店を増やしたい。人材の問題、価格競争の問題、食品ロスの問題、それらに付随する食に対する意識の改革。

それらをまとめて解決するには、10店舗以上展開する場合は「広域性があり文化形成に役立つ」とされる業態に限り免許を発行するのはどうでしょう?

免許を取るメリットとして、国が奨励し開発や生産者とのつながりをバックアップして補助金を入れることで低価格化を実現するようにします。

僕は格安チェーン店が悪いとはまったく思わず、むしろ僕たちのお財布の味方であり、日本の食文化の宝です。ですから、認可業者は補助金を活用してITを取り入れることで、これまで機械的にただ作業をしていただけの人員は削減できるようになりますが、逆に専門的な人材の雇用が増加するので、飲食店の二分化を進めることができます。

チェーン店は、安価で安全な食材を使ってオートメーション化などの技術面の改良・開発を担い、個人飲食店は地域と連携し、より個性的でクリエイティブな発想を培う立ち位置となります。チェーン店の絶対数が減少するため、都市計画の観点から街並みの改善にもつながり、景観を阻害する看板戦争をなくし、スペインのサンセバスチャンのような食の街を作りやすくなるのではないでしょうか?

たとえば神田駅はチェーン店を禁止しませんか？　そうすると利益や上場だけを目標に銀行から借り入れをし、コストカットのために食材の生産者を苦しめながら事業拡張する飲食店、他店のコンセプトだけを模倣した飲食店は認められなくなり、飲食店の全体数は何十パーセントか減少し、人材不足の解消につながり、雇用単価も上がり、地域ごとでの個性を食で表現できるようになります。

個人店でクリエイティブなことをやる場合は10店舗以内で十分です。

大切なのは、今までにない飲食店が生まれること。本質的なオリジナリティを持っていて、なおかつ既存店も無視せず共存できる関係が理想的です。

老舗は老舗として、懐かしさを維持しながら進化できること。毎日料理だけに追われるのではなく、他業種と同じようにそれぞれの経営者が唯一無二を目指すことが大切なのです。

しかも多店舗展開の免許を取得するようになれば、今まではただただ資金で店舗数を拡張していたのが、免許申請の際に、ちゃんと「なぜたくさんのお客様に支持されたか」を考え、地域の食材やブランドイメージを大切にし、お客様のニーズを模索するようになるんじゃないかなぁと思います。

飲食店の本質はマネーゲームではいけないと思っています。広域性と文化の形成、「美味しい」の追求。先人が作ってくれた土俵を荒らしてはいけません。日本の美しい島国を守る時代になってきているはずです。

他業種とのつながりが不可欠になり、地域との連携もしっかりできて、仕入れ単価と品質を考えるために生産者にも脚光が当たる。飲食業界の問題を根底から解決するにはこれが良いと真剣に考えています。

第４章

生き方の哲学

033

初心を忘れてしまったので、住所不定社長になりました

未経験で始めた飲食店は、たくさんの方に支えていただき、繁盛店になりました。しかしどんな場合でも、過信して調子に乗ると、信用を失います。いかなる時も平常心でいることが人生の極意。

実業家の祖父がよく言っていました。「信用は無形の財産だ」と。感謝ができなくなると、それまで謙虚だった自分の判断がどんどん歪んでしまう。そして信用を失う。

原因は些細《ささい》なことの積み重ねなのですが、おだてられたり、怒られて萎縮したり、焦って余裕がなくなったり、自営業をしていると、心の隙間をついてくるように少しずつ感覚がおかしくなる人を何人も見てきました。

初心忘るべからず。2・2坪の立ち食い焼肉を一人でオープンした当時の気持ちを、いつまでも「本来の感覚」として忘れてはいけないなと思って六花界には必ず立ちます。

しかし、その決意が一度ゆらいだことがあります。お店を作って5年目の頃、3店舗を経営し、たくさんのメディアに出させていただき、密着番組や出版・講演会も入りました。銀行からは融資の話も入り、時にはサインを求められることもありました。

そんなある日、六花界でお客様を接客中のこと。表面的には盛り上がっているのですが、何をしゃべってもお客様の心に刺さっていないような「違和感」を感じました。営業終了後、すぐさま家に帰り、六花界オープン前に自分が書いた日記を読み返しました。

そこには、小さな字で「明日はお客様、来てくれるかな？　どうしたら喜んでもらえるかな？」と書いてありました。僕は「はっ」としました！　いつしかお客様には困らない毎日になっていて、むしろ断ることの方が多くなっていました。あれだけ苦労して来ていただきたかったお客様を、断っていることがあたりまえになっていたのです。

当時、僕は駅から徒歩10分ほどの安い物件にスタッフと二人暮らしをしていました。ふすま1枚向こうにいるスタッフを起こして、「俺、今調子乗ってるかな？」と聞きました。すると彼は、「いや、お客さんはバンバンくるんだし、もっと調子に乗ってください」と言ってくれました。僕はその言葉を聞いて、

「ダメだ！」

と思いました。スタッフの気持ちも大きくなっていて、「お客様が来てあたりまえ」に

なっていることに気づいたのです。

その原因は**自分の態度がスタッフにも伝染したからに違いない**と思いました。

たしかにその時の僕の接客は、「俺の肉を食え！」「俺の言うとおりに食え！」的な頑固おやじ風な接客になっていました。

気持ちとしては「牛の命をちゃんと伝えなければいけない！」という責任感もあったのですが、それ以上に疲弊をしていたのでしょう。日記には「どうしてちゃんとお客様に伝わらないんだ」とも書いていました。かなり背伸びしていたのだと思います。

だから言葉も乱暴になり、スタッフに偉そうに接し、上下関係を作り、たくさんの我慢をさせていたことに気づいたのです。


スタッフは、お客様の窓口です。

そこでまずは「スタッフに改めて感謝したい。時間はかかるけど、全部やり直そう」と考えました。六花界を始めた時の、公務員を辞めて収入がなかったあの日に戻ろう。「がんばれ！」と応援をしていただいた、あの頃に戻ろう。そのためにどうすればいいか必死に考えた結果、僕が「物理的にお願いする立場になればいい」と思いました。

そこでまずやったことが、家の解約です。家を捨てました。

そして**毎日スタッフに「今日、泊めてください」とお願いする**ことにしたのです。スタッフの家を泊まり歩き、その分、自分が払っていた家賃をスタッフに分配し、わずかながらお給金を増やしました。

家をなくすということは、まず物を最小限まで捨てる必要があります。キャリーケース1個に自分の荷物を収めました。連絡を取るためのスマホだけは必要でしたが、それ以外は全部捨てました。もちろんスタッフにも事情があり、泊めてもらえない時もあります。そんな時は公園かお店。銭湯は駒込の行きつけの「亀の湯」さん。

そうやって毎日スタッフにお願いをして泊めてもらっているうちに、スタッフとの関係は180度変わりました。問題を次の日に持ち越さなくなりました。1日のいろいろな出来事と関係なく、就業終了後、必ずフラットな気持ちに戻れるのです。だって泊めてもらえなくなるから、失敗されても頭ごなしに怒れません（笑）。そこで、ちゃんと伝え方も考えるようになりました。

この生活は半年間続けました。家を捨てたことで勉強になったことがたくさんあります。

一つ目に**「自分の持ち物はそんなに必要ではない」**。

二つ目に**「他人の生活を間近で見ると自分独自のルールに気づく」**。

三つ目に**「自分のステータスは限られた時間の狭い世界でしか通用しない」**。

社会という表現の場があるから仕事では評価されますが、一歩家に戻ると「何者でもない」そのままの自分だということがわかったのです。それがわかって、やっと初心に帰りました。僕は企業を大きくしたいのではなく、お客様に感動するほど喜んでほしいのだと。

スタッフへの伝え方も真剣に考えました。泊めてもらうために終業後に素早く交渉する必要があるため、スタッフ一人ひとりの個性や考え方を理解し、自分の考え方も理解してもらえる方法を模索しました。「伝わる」ということは「関係値が深い」ということ、「信頼関係」があるということだともわかりました。

つまり単純に仲良くなることが大切。仲良くなるということは「日常に溶け込んだ関係になる」ということ。そこで突破しなければいけないのが「人の迷惑」という考え方です。「人の迷惑になりたくない」と口癖のように言う人は多く、他人が自分と違う行動をとった時には「デリカシーがない」と考えがち。ですが、**一歩踏み込んでその人の本質を理解し、「心の空間」を共有するということが信頼関係**なのだと思います。

人と人とが生活している限り迷惑はそもそもかけ合っているもの。だから、同じになることを求めるのではなく、そもそも違うものだと理解することが重要なのだと知りました。

034

過去を振り返るマイマップと、未来を創造する人生の設計図

僕はこれまで自分の人生に起こった出来事を、「マイマップ」として地図に記しています。そしてこの**マイマップから「人生の設計図」を作り、未来の自分の姿を予想し書いています**。

書き方はこうです。図面の中心に円を書いて、その中に「自分」と書いてください。まずはそこから右側に線を引いて、また円を書いて「家族」と書いてください。イメージは樹形図です。同じようにして、右側に両親や祖父母、兄弟の円を作ったら、その人との思い出を書いて記します。自分のルーツなのに意外と知らないこともあるはずです。それを書くために両親の話を聞くだけでも価値があるチャレンジになります。

そして別の線を、また「自分」から右側に引いて、同じように今まで起こった大きな出来事を年齢や時期を明確に地図上に広げてください。「29歳 - 公務員を辞める」「30歳 - 六花界オープン」といった感じです。

こうしていくと、たくさんの忘れていた思い出があったことに気づきます。出来事は年

々増えていき、たとえば10年前より去年の方が多いはずです。さらに年数を経ていくと、あるタイミングで自分のことより人のことが増えたり、逆転することもあります。

ある程度できたら、近い出来事やエピソードで色分けしたり、似ている出来事は線で結ぶと、もっとわかりやすくなります。

そして、この地図を他の人に説明してみてください。他の人に自分のエピソードに対して思っていることを書き足してもらうと、より立体的に仕上がります。

これが、「マイマップ」。今までの地図です。

このマイマップから作るのが、**これからの未来を描く「人生の設計図」。つまり、過去から未来へ人生をより良いものに作り替えていくための地図です。**

まずは作ったマイマップを分析して、「やめてしまったこと」や「失敗した経験」をピックアップします。「仕事・恋愛・遊び・お金・勉強」の5つに限定するとわかりやすくなるでしょう。次に、では何をしたらそれらをクリアできるか？　その分野で新しくどんなことをしたいか？　「自分」から左側の領域に「理想の未来」として設計図に書くのです。できる・できないは考えないで書いてください。

人生の設計図を描くことで、自分の人生に足りない部分や、本当はこうしたいという希望が見えてきます。

たとえば、医者だけど趣味はバイクでツーリングが好きとか、保険屋さんだけど社会人テニスで県ベスト8に入っている、主婦だけど自作アクセのネット販売で有名だとか、人にはいくつもの才能があるものです。


人生は「本当の自分の才能」に気づくための旅です。才能は誰しも同様に与えられていますが、そのためには好きなことに出会い、才能に気づけることが大切です。

「1万時間の法則」などがありますが、これはあくまでも大きく成果を残し、社会的に大きな功績を残すために修練する時間のことです。アメリカの作家でもあるジョシュ・カウフマンは20時間である程度のことは到達できると述べて実践しています。

練習や勉強の効果は、それをやり始めた時には顕著に出ますが、ある一定のラインに達した時点から、その効果は減退していきます。反復であったり、初期に理解した内容を忘れたり、繰り返し訓練が必要になった段階で成長効率は低下するからです。

その段階に行き着くまでが20時間と言われています。

ですので、まずは5個やりたいことを挙げ、やりたい順番をつけ、一番やってみたいことを選んでください。

ポイントは、「毎日やる」こと。日常の習慣に無理がないよう組み込み、とにかく毎日、1時間だけやります。**毎日、1時間だけ。それを20日やってみます。そしたら20時間。**

ネットや書籍で調べれば、ギターをさわったことがなくても「スタンド・バイ・ミー」くらいは弾き語れるようになります。英語であれば挨拶から始まり、自分のことを相手に理解してもらえるレベルの英語は習得できます。ボクシングだったらフォームを覚えてリングで1R、しっかり動けるはずです。

大切なのはその後に、続けたいかどうか。好きか好きじゃないか。「好きで続けたい」なら「才能」ありです！　「才能」とは「生涯続くパートナー」との出会い。やらない理由を作ることが上手になってしまった方は、「やらない才能」をいったん捨ててください。

子どもみたいにたくさんできることが増えていくと、そのうち脳が他と似た成功体験を引っ張ってくれて、到達までの時間が短縮されます。だから、続けることが大切です。

もしあきらめてしまっても、その経験すら大切。それに気づけたら、人生は誰よりも豊かなものになります。

「人生の設計図」は無限に大きく広がっています。果てはありません。だからこそ真っ白なままじゃもったいないじゃないですか？　まずはペンを持って！　丸を書いて！　その作業がこれからの人生に彩りを与えてくれます。

035

記録や日記がとても大切だと思う理由

「おもしろそう」と思ったことはすぐ体験してみてください。経験は唯一無二の「本物」です。でも、その経験に出会わなければ一生「偽物」に気づくこともありません。

野生のペンギンに会えば、今の地球がどんな課題を抱えているのか考えることになります。恋をすれば失恋することもあり、自分にない他人の魅力にも気づくでしょう。

しかし問題なのは、人は「忘れる」ということです。海外旅行でどんなに素晴らしい経験をしても、羽田空港から自宅までの帰り道、「明日の仕事」を想像するだけで、二度と思い出せない箱の中にしまってしまうのです。ですからぜひ、「日記」を書いて残してください。

写真を撮ったから大丈夫？　いいえ、写真は楽しかったことしか教えてくれません。**その時の熱量や空気感の記録は手書きの日記に勝てません**。

僕は、13歳の時から日記を書き続けています。中学生の時に先生とのコミュニケーションで始めたのがきっかけです。その習慣が25年以上続いています。当時の日記帳も残っていますが、当時の日記帳には、それこそ先生に見られるということもあり、他愛もないその日の出来事を書くだけでした。大学生の頃からは、PCを使い始めたのを機に、エクセルを使って書くようになりました。その日にあった出来事、自分の気持ちを文章で書くほかに、それらを点数化しグラフ化することにしたのです。点数化したのは、

①出来事に対する点数

②自分の気持ちの点数

です。ほとんどの場合はその数値に差はありません。しかし時折そのバランスが変わる日が続く期間をマーキングするのです。

たとえば、好きな人ができた場合は「出来事＝90点」だけど、気持ち的には不安だから「気持ち＝55点」。TVに出演したから「出来事＝85点」だけど、うまくしゃべれなかったから「気持ち＝35点」、というようにバラツキが出る期間があるのです。これがおもしろい。

1カ月ごとに折れ線グラフで記録し、そのデータは20年分あります。こうして続けた結果、自分のバイオリズムが手に取るようにわかり、極端な話、何となく未来が予測できるようになりました。

ほとんどの場合、二つの数値は近似しているので、そのデータと同じデータの山と谷が

繰り返されるので、何となく上がる時も落ちていく時もわかるようになり、「忘れ物をしそう」とか「対人関係で失礼をしてしまうかも」とか「同じパターンが5年前にあったから、今がチャンスかも」という感覚になります。

そして一番大切なのは、**「出来事と気持ちのバラツキのあるところ」をマークすること。意外と周期が均一になっていて、人生のイベントが目視しやすくなりました。**

また、点数に差があるということは、何らかのイベントがあったということ。その対処法が上手にできなかったから差ができるのであり、前回と同じ失敗を繰り返さないような行動をとるようになりました。健康に注意した方が良い時期も、仕事でがんばらなくてはいけない時期も、旅行で息抜きをした方が良い時期も、何となくわかるようになります。

僕は日々多くの人に出会い、数え切れないほど素敵なお話を聞かせてもらっています。本来、日常の生活はとても素晴らしいもの。変化のない日は1日もありません。旅行に行ったり、レストランで食事をしたり、自分で事業を立ち上げることが素晴らしい体験なのではありません。

だから、誰がいつどんな話をしていたのかしっかりと日記に書き、それを引き出しにさせてもらっています。出会いやそこから得た経験は一生の宝物です。その宝物をちゃんと価値のあるものにするかしないかは自分次第なのです。

036

1年後は生きていないかもしれないと考えると、真剣に生きられる

数年前、ある日のことです。六花界の古くからの常連様で、一緒に旅行に行くほど仲の良い医療関係のお仕事をされている同年代の人がいます。その人が、

「森田くん、大腸検査ってやったことある？　僕はこないだ初めてやったんやけど、キツかった。機会あれば、森田くんもやっといた方がいいよ」と。

僕は元プロボクサーなので、普通の人より健康状態は観察している方だという自負があり、まぁ普通の会話程度に留めておりました。

その1週間後、とあるテレビのバラエティー番組のロケがあったのですが、その共演者の方が既婚の方で、たまたま結婚のきっかけをお伺いしたところ、

「昔さ、今の嫁と付き合ってる時に誕生日プレゼントに人間ドックのギフト券をもらったことがあって。検査したら大腸ガンが見つかって。あと半年遅かったら死んでたよ。だから今の嫁は俺の命の恩人なんだ！」と。

その方はとても大きな手術をされたようですが、今では元気にバリバリ仕事をしております。

「最近健康のお話をよく聞くなぁ」と思いつつ、その夜に行きつけの寿司屋さんに行ったら、いつもの大将がいない。

会計の時に「今日は大将いないんですね？」と尋ねたら、「すみません、森田さんには早く伝えなきゃならなかったんですが、実は先週大腸ガンで亡くなりました」と。

この数日にあったお話が一気につながってきて、「ひょっとして、自分もそうだったら嫌だなぁ」と思い、1カ月ほどかけていろいろな検査をしました。

するとなんと、僕も大腸ガンでした。この話は両親にもしていない話で、この本に書くことをとても躊躇《ちゅうちょ》していたのですが……初期段階だったこともあり、落ち込む暇もなく手術も終わり、ことなきを得ました。おかげで今も健康です。

これは僕にとって大きな事件で、たくさんのことを考え始めたのですが、その中から一つ、お話しします。

限りある時間の中、僕たち日本人は特に、そのほとんどを社会に携わることを選んでいます。

僕もまさに仕事人間で、起床後、すぐにベランダに出て太陽の光を浴びたら、軽くストレッチをして、さっそくメールの返信にかかります。

最近は1日100件以上のメールが来るので、スマホ2台とタブレット、そしてパソコンを使って音声入力を駆使しながら全メールに返信をします。それから決断や判断が必要な業務をお昼までに仕上げます。そして夕方までに、建築やインテリアのデザイン、講演会や大切な協議を優先的に詰め込みます。夜はお店でお料理を作ります。

そこに関わる移動は自転車、忙しい時は食事も取りません。お風呂の中でも仕事をしています。合間の運動も欠かしません。

「もう少しゆっくり生きたら?」とよく言われますが、今が一番健康で、未来の中で今が一番若いと思うと、「もっともっとたくさんのことをやりたいなぁ」と思ってしまいます。それが僕にとっては幸せで、社会とつながることです。

しかしその背景には、常にあの時「もし病気を発見できていなかったらどうなっていたのだろう」と考えるから、この行動心理があるのだと思います。

とはいえ、やっぱりたまにダラダラとしてしまう時もあります。

そんな時、僕は「自分が死ぬ日」を設定してモチベーションを高めています。

もしあの時、3人の方々が僕にしてくれた病気の話を気に留めることができていなかったら？　多分僕は今この本を手に取ってくれている人がいたとしても、あなたと会って握手をすることはできなかったと思います。

だから、元気で健康でいられることに感謝をし、「今」後悔のない決断をして、夜寝る時に次の日のことを楽しみにして眠れるように行動しています。

よく「明日死んだら」と言われますが、この本を読んでいる人は事故に遭わない限り、明日は生きてると思います。10年だと長すぎて、ひょっとするとそれより早く突然死ぬかもしれません。1週間だと何もできない。

だから僕は常に、「1年」を考えます。

「もう来年の今日はない、記念日は来ない、今の季節は来ない、この旬の食材も今日で食べるのが最後かもしれない」

そう考えると、人に対する態度が変わるし、立ってる姿勢もよくなり、毎日が愛おしくなって、朝起きたら自分の体に感謝して笑顔になれます。

一つひとつの決断が、あたりまえの決断ではなくなって、何か特別な意味があるようにも思えるようになります。

だから僕は「年を取ると時間が経つのが早い」と一度も思ったことがありません。だって毎日毎日、子どものように見るものが刺激的で新しく、時間が長く感じるようになっているから。

大切な人や感謝の気持ちが増えていくことが嬉しい。人の話もちゃんと聞くようになります。

「人は、いつ死ぬかわからない」からぼんやりと最高の未来を想像するのですが、確定的に「なりたい未来」を具現化するには、限られた時間を設定することが大切なのです。

もう一度、ボクシングでリングに上がりたいとか、南極でペンギンに会いたいとかでもいい。真剣な1日の願いの積み重ねが人生を変えていくのです。

でも1年後、自分が生きていないと思ってみてください。

今やらないと、もう多分明日もやりませんよ。そう思うと、まわりの声がとても大切なメッセージに感じます。

037 やらなくていい役からは降りていい

人生にはさまざまな役がありますよね。「上司、部下、講師、恋人、友人」。立場が変われば、求められる役割も変わってきます。

一般的に、演じることはよくないことだと考えられているかと思いますが、僕はそうは思いません。むしろ、役に没頭してみることで、その仕事や役割に必要なことが見えてきたり、自分の向き不向きがわかってくることがあると考えています。

たとえば僕の場合、建築家としては「施主《せしゅ》様に幸せになっていただけるデザインを提案し実現する自分」が必要で、ボクサーとしては「決められた相手と勝負を全力で共有する自分」、そして料理人としては「食材が踊るような料理を最高の空間で大切な人に作る自分」が必要になってきます。

たくさんの役をしてきた中で、シェフという役は間違いなく僕にとって最高の配役です。食材の調理・構成・表現にミリ単位でビジョンがあり、まさに台本のある舞台のようです。その日を楽しみにしてきてくださった特別なお客様の2時間を圧倒的に構成し、満足していただきたいと考えると、食材との共演は毎日アドリブのライブ。次第にその舞台で、上手に立ち回れる調理技術や立ち位置や表現を知るようになります。そしてもっともっと響く方法を突き詰めていくことがプロになることだと考えています。

反対に、今までの役を振り返ると公務員が一番しんどかった。向いてなかったんだと思います。

もしも今、自分の役がしんどいと感じているのなら、「もういいかな」と思う役を降りてみませんか？

たとえば、望んで入った大学かもしれません、上司に誘われた社会人サークルかもしれません、社長という立ち位置かもしれません。役はたくさんあって、中には自分の意思ではないこともあるでしょう？　親に言われてとか、何となくとか。子どもが十分成長したなら、「親」という役から卒業していいし、今の仕事でどうしても違和感があるというなら、新しい役を始めてみてもいい。その役から解放された違う自分はきっともっと素敵な自分です。

その役は、どうせいつか必ず降りなくてはならないものなのです。ですからぜひ、新しい役への挑戦を続けてください。

038

奇跡を起こす条件

人生は壁の連続です。僕の場合は、就職氷河期を体験し、起業したらリーマンショック。焼肉屋を始めたらＢＳＥ（牛海綿状脳症）で消費者の肉離れといった具合です。そして、新たにコロナ。

これはあたりまえのことで、最初から順風満帆な人はいません。誰しも大きな壁にぶち当たってきていて、挑戦の成功には、進むべき道の壁を1枚1枚越えていくしかありません。**大切なのは、まず結果は気にせず、思いついた夢をやり続けることです。**

僕は毎年、海外で「和牛と日本酒」のイベントを開催しています。和牛と日本酒の魅力を海外のたくさんの人に広めるために、単身海外に渡り、自分のポケットマネーで挑戦をしています。文化と言葉が違うため、壁だらけの挑戦。確実な勝算などありません。

でもある日、夜23時半の営業終了後、大使館を通じて一本のお電話をいただきました。アラブ首長国連邦の皇太子殿下が、ご指名で僕の料理を召し上がりたいとのことでした。

サミットの合間に極秘で進められたプロジェクトでした。

そのきっかけになったのが海外の僕のイベントで、パリの友人が僕の料理を食べてくださって、そのご縁の紹介でこの奇跡が起きました。

僕は、行動を起こした人には必ず奇跡が起こると思っています。起こした行動は、どこかで誰かが必ず見ていてくれているからです。

だから、素敵な挑戦を思いついたら口に出す。口に出して言う。言ってみる！

「インターネットで最高のサービスを作る！」何でも良いです。まずは身近な3人の心に響くアプローチをしてみてください。そしたらもうやらなくちゃいけない状況になります。でも続ければ、きっとその3人から奇跡につながるきっかけが導きだされるはずです。

壁に当たらないように生きるのではなく、越えられない壁にぶち当たるようにがんばってみてください。**越えられない壁が出た時は、本当の挑戦に出会えたということ**です。

その時こそ、自分の本当の底力が試され、同時に人のありがたさがわかります。誰かに必ず助けられることになるからです。

そうして挑戦を続けていくと、**人生に奇跡が起こる人たちは、感謝する力をたくさん持っている人だということがよくわかります**。自分の限界や底力を知り、人に対して本質的な感謝ができるようになった人は強いですよ。

039

「時間がない」は物事の効率化と企画力につながる

僕の小学校の時の門限は夕方の5時です。中学校で6時、高校で7時。森田家は、晩ご飯は必ず家族そろって食べるのがルールでした。

今考えると良い家なのですが、反抗期バリバリだった僕は、そのルールをどうやったら守らないでも怒られないかを毎日必死で考えていました。友人と公園で遊んでいても、ゲームで対戦していても、部活の途中でも「門限あるから帰るわ！」でした。当然まわりは「ぽかーん」として「そっか、門限やったらしゃぁないなぁ」となるのです。近所では有名な「門限少年」でした。

何より苦痛だったのが夕食の家族団欒《だんらん》の会話です。

今日の出来事をダイジェストで父におもしろく話さなくては怒られるという毎日です。

森田家では父には敬語と決まっており、長男教育的なものが尖《とが》って厳しい家でした。

この歳になるとわからなくはないですが、父の望むおもしろい回答を探すところから会話の組み立てをして夕食に臨むことが、その場を早く簡潔に終わらせる手段だったので、会話術の本を読み、心理学の本を読み、大阪という環境でお笑いの勉強を友人とすることで会話の技術を少しずつ会得していきました。

楽しい時間を友人と過ごしているのに強制的に門限で帰され、わけのわからない森田家特有の団欒トークをする日常……。今考えると親の影響ってすごいなぁと思います。

実際、厳しい父ですが、チャレンジには寛容で、意外と何でもやらせてくる一面もありました。たくさんの制限はあったのですが、一番大切な「考える」という余裕は持たせてくれていたのだと思います。

お小遣いがないなら「働く」、おもちゃがないなら「作る」、娯楽がないなら「考える」。小さいなりに、人は制限を与えられると創造して突破しようとすることを学んでいました。門限の話に戻りますが、門限時間が早く、友人との時間が圧倒的に少なかったので、だんだん友人との会話に差が出てきて、放課後の話や、テレビや話題の的が外れることが多くなりました。これは大問題でした。学生の本分は勉強とコミュニケーションなのですから！

そこで門限自体をどうしたら延ばせるかを考えたのですが、一番の疑問は「何で門限があるのか？」だったので、思いきって聞いてみました。

両親で話し合って門限を決めていると思っていたのですが、実は決めていたのは母でした。

普段から厳格な父、やさしい母だと思っていたので、完全に父を疑っていました（笑）。

僕の実家は親戚一同商売人で、母は特に大学時代までの門限は夕方の6時だったそうです。

お手伝いさんもいたため、自分の娘が遊び回っていては従業員に示しがつかないから、おじいちゃん的には「帰ってきてすぐに家業をお手伝いしろ」という意味もあったようです。

まさに商売人の子ども。そして女性が外でフラフラすることも良く思っていなかったようです。夕飯も「家族団欒で笑いのある食卓」ではなかったようです。

そのため、自分の子どもにはそんな寂しい思いをさせたくなかったのと、比較的危なくない時間に帰ってきてほしいという意味を込めて、夕方5時に門限を設定したそうです。

めちゃくちゃ想いがつまり過ぎています（笑）。でもこの話を聞いて、門限を破るのではなく愛情に応えようと、確実に5分前にはお家に帰って、僕は一家団欒をすることにしました。

そこで、限られた友人との時間の密度をいかに上げるかに頭を使うことにしました。

自分だけ帰る時間が早かったので、計画性を持って効率的に遊びの成果を上げることを考え、僕がいなくても「森田がいた事実」を残すようにゲーム自体の仕組みを考えるようになりました。

「何して遊ぶ?」ではなく「これしよう」です。

当然みんなが「おもしろい」と思ってもらえることを研究しなくては飽きられるので、飽きられないようにみんながルールを修正できるようにもして鬼ごっこをカスタマイズしたり、TVゲームが流行り出した時は、学校でも同じようなゲームができるように、普通のノートに「冒険が始まった」↓街に行く↓山を散策する↓と簡易的なRPGゲームを作ったりもしました。今ある「ドッヂビー(フリスビーとドッヂボールの合体競技)」なんかも、小学校の時にすでに作っていました。

時間がなくてできない遊びはルールを変更して短時間で終わるように、人数が増えたらそれに対応できるようにアップデートすることを考えます。

自ずと「遊びのプロデューサー」になり、時間がないことも合わせて希少価値が上がり、学校では人気者になり、「ルールを作れる人は人気者になるんだ」と学びました。

門限という制限は時間力と企画力を鍛えてくれるきっかけでした。

社会人になって仕事に変換すると、締め切りがあったり、不慮のハプニングに対応する判断力を求められたりすることと同じです。圧倒的な制限に時間以上のものはありません。予想外の成果が発揮できる判断力がクリエイションにもつながります。

ぜひ皆様も、「あれがない」「これがない」ではなく、日々の行動を自分で時間を決めて制限をしてみてください。やってみれば、何とかなるものなのです。

040

チャンスには「ハイ」か「イエス」で答える

今、僕は海外に向けてチャレンジをしていますが、そのきっかけは「クロッサム」が台湾でのポップアップ・レストランで評価されたことから始まりました。このクロッサムのマッピングやコンセプトに挑戦できたのは、初花一家や吟花、五色桜を作れたこと。それが作れたのは、六花界があったから。六花界ができたのは、建築のアイデアとボクシングで鍛えた精神力のおかげ、何より宮田ジムの宮田博行会長のお陰です。

そのように掘り下げていった中で、大きく人生が変わったと思う体験があります。ちょっと昔話に付き合ってください。

大学1年生の時、僕は「人と違ったことがしてみたい」と思い、ボクシングの先輩の紹介で超富裕層向けの接客アルバイトをしており、そのＶＩＰのご縁でリゾートバイトをすることになりました。

長野県茅野市車山高原《ちのしくるまやま》で夏休みの40日間、初対面の男女80名ほどが交じってのインターネットのない共同生活が始まりました。

今思うと、そのリゾート施設は社会の縮図で、派遣されてきた会社が違うと、同じ仕事をしていても時給が700円も違ったり、勤務時間もさまざまで、働きに来た理由も人それぞれでした。貯金のためだったり、パラグライダーやスノボ（冬）の練習を兼ねて来ていたり、地元でいろいろあって心を癒やしに来ていたり。当時では珍しく海外からの留学生や、リゾート会社が観光客への目玉イベントのために呼んだインドの先住民族の人なんかもいました。

僕にとってのそこでの生活は、毎日目から火花が出るほどの刺激的な体験で、仕事終わりの先輩との会話は、両親や学校から受けた教育では手に入らない、どんな書籍にも敵わない「肉声」での体験談で、尊敬や畏敬の念を覚えました。

40日間で、僕は30万円ほどのお金とたくさんの友人と「未来への憧れ」を見つけることができました。閉鎖された空間の中で、仕事もできて人間的にも魅力ある先輩たちの言葉の影響力は凄まじいもので、「あの人のようになりたい」と思える人に何人も出会えたことが一番の宝物だったのかもしれません。

その中の一人に、海外旅行の資金を貯めるために来ていた当時26歳のバックパッカーをしている先輩がいました。その先輩が旅行先で見た景色や出会いについて毎晩話をしてくれていたことが、大阪に帰っても僕の頭から離れませんでした。

僕は、先輩が1週間だけ滞在していたインド人の住所をノートに記録しており、これが気になって仕方ありませんでした。そのうち居ても立ってもいられなくなり、思い切ってそのインド人に手紙を出し、文通を始めたのです。

それから半年後、当時のリゾートバイトのメンバーで同窓会的に集まりました。こんがり肌が焼けたバックパッカーの先輩と再会をし、冒険の話をみんなで聞き入っていたら、

「森田、お前は学生で時間あるんやろ、お金は将来稼げばいい！　そんだけ真剣に話聞いて質問してくるんやったら、とりあえず一人旅は絶対にしとけ！　自分で見てこいよ！　将来役に立つから！」

家に帰った僕は、インド人の友人から届いた半年分の手紙を持って決意をしました。

そして19歳、なけなしのお金でインドに一人旅をしに行きました。

出発に至るまでは、親の説得から始まり、お金の工面やビザの取得や免疫の注射。当時インターネットはもちろん、一人旅の書籍もほとんどなく、経験者からの体験談を集めることも簡単ではありませんでした。

行ったことのない「読めない住所」に住んでいるインド人の友人に突然会いに行く一人

旅の計画。僕がたどり着くのが先か、出発を書いた手紙が着くのが先か？　本当にその住所があるかもわからないまま、ただ「手紙が届いてるんだから、あるんだろう」という推測だけで行こうと決めました。

手紙に書かれてあるインドの実生活を知りたい。彼に「会いたい」、そして先輩と旅人として話をしたいという気持ちが僕を後押ししました。

旅行会社の窓口に行って、フライト時間はいくらかかってもいいからと、とにかく安いチケットを購入しました。当日を迎え、トランジットすらおぼつかないまま、何とかカルカッタの空港に到着し、イミグレーションを通過して空港の外に一歩出たその瞬間。

大勢のインド人に取り囲まれて、腕を引っ張られ、荷物を引っ張られ、言葉もわからず、もみくちゃになり、何もできずにうずくまってしまったのです。

彼らに悪意がないことはわかっていましたが、19歳という少年であったとしても、彼らにとって日本人は良い意味でのお金を持っているお客様だったのだと思います。

その場にうずくまって震えて怯えていたら、たまたま同じ飛行機に乗っていたニュージーランド人のマクローリンが「どこに行くんだ？」と助けてくれ、あてのなかった僕は、それから5日間、彼と過ごすことになり、彼から旅の極意を学びました。

「お金は靴の中にも隠しておけ！」「すれ違う人には笑顔でとにかく挨拶をしろ！」「さわ

れ！」「その国の言語をとにかく発しろ！」

その5日間で僕は間違いなく生まれ変わったと思います。生きる術を身につけたというか、勇気と本当の豊かさを知ったような気がします。

インドの友人に会うまでの道のりは遠く、カルカッタから1週間、電車とバスとジープを乗り継ぎました。それすら日本では調べることもできず、住所を検索するサイトもインドの詳細な地図も日本にはありませんでしたから、手紙を持って、現地の役所的なところに行って、片言の英語で「ここに行きたい！」と聞いたのです。

そしたらインド人20人くらいが集まってきて何やら話をし、ざわざわと「本当に行くの？　最低でも7日かかるよ？」と言われました。そりゃ、めっちゃ驚きましたよ！「インドってでかいんだなぁ」と思いました。

一度も降りずに電車に90時間乗り続けたことがありますか？　僕は道中、気がつけば隣のパキスタン人とめちゃくちゃ仲良くなっていました。電車の後はバスを乗り継いで、ようやくたどり着いた頃にはインドに到着してから2週間が経過していました。

文通をしていた友人は、電気もガスも来ていない村に住んでおり、水を汲むだけでも1時間歩かなければ井戸がない場所で手紙が届いていることにまず感動しました。

そして、東洋の端っこから来た僕を全力でおもてなししてくれたのです。ちなみに僕が出発の時に書いた手紙は、すでに到着していました（笑）。

それからインドを一周するのに約1カ月、陸路でネパールに渡り、合計2カ月の時間をゆっくりと費やし、たくさんの出会いと別れを経験しました。

最後はバラナシでガンジス川に入ったせいで高熱を出し、強制送還でバンコクの国際病院に収容され精密検査を1週間受け日本に帰ってきたのも、今となっては良い思い出です。

「怖がっていたら……」はもうありません。習うより慣れろ、小鳥が空を飛ぶのと同じように飛ぶのがあたりまえになります。

そこからの僕の人生は変わりました。人が「でも」「たら」「れば」を発している間に行動をするようにして、結果へのプロセスと速度が各段と上がりました。

限界を決めない、できないと思い込まない、めんどうくさいと思わない。成功した人はまわりの人が「やらなかっただけだ」ということに気づいています。

もう一つ、「尊敬する人」と付き合ってください。その人が「君にこれがいいからぜひやってみたら」とか、「これ楽しい会だから一緒に遊びに行こうよ」とお誘いをいただいたら、まさにそれは「幸運の卵」です。

悩まず「ハイ！」か「イエス！」で返してください。悩んでる時間がもったいないですし、「できません」を言っている間に物事は大きく変わってしまいます。

041

勝負に負けた時、初めて自分の気持ちと向き合える

何度かふれていますが、僕はプロボクサーでした。多くの勝負をしてきましたし、またトレーナーとしてもボクシングに関わってきました。スポーツ選手の選手寿命は本当に短いもので、特にボクサーの選手生命は短く、10年続けられた人はとても幸せな選手です。

しかしプロボクサーは特殊な仕事で、収入がほとんどないので「二足のわらじ」を履きます。プロになってもファイトマネーだけでは生活できないからです。

僕はといえば、練習生からプロになって、トレーナーもさせていただいて、実に16歳から25年間、最高に幸せなボクシング人生を過ごさせていただきましたが、ボクシングで得たお金は全部で100万円もいかないかもしれません。だから、「二足のわらじ」がプロボクサーの宿命なのです。

収入以外にも「二足のわらじ」になるもう一つの理由が、練習時間の短さです。ボクシングの練習は3時間もすればオーバーワークになってしまう。だからこそ残った時間は社

会人として働くことで精神や頭の使い方も鍛えていくのです。

公務員の時は、朝6時半に起床していました。朝はランニングをして、出勤したら業務をクリアし、夜9時から11時までジムで練習という毎日でした。

仕事やプライベートの時間は、ボクシングの3時間をすべて逆算してカリキュラムを組みました。飲み会の誘惑に負けないように体調もコントロールし、練習のために仕事を早く終わらせるのも勝負。筋肉を休ませながら、頭を使って効率の良い仕事をしました。

そして何より、「減量」こそ究極の逆算。計量の日まで計画的に体重をコントロールする必要があります。見えない相手との戦いで、勝負のリングに上がる資格の一つなのです。ボクシングは1ラウンドが3分。20年もゴングの鳴る音を聞いていると嫌でも身に沁みつくのがラウンド感覚で、僕は人生の中の行動をラウンド計算する癖がついています。移動や会話、料理もそうです。

1ラウンド目で見極めながら、2ラウンド目で自分の力を試してみる、3ラウンド目、4ラウンド目とラウンドを重ねながら相手と濃密なコミュニケーションをとり、どのラウンドで仕留めるかを考えます。また、試合で負けた時には責任も痛みも自分で背負い、本当に戦っている相手は「自分」だと気づきます。

同じ才能で同じ練習量の人が戦ったら、運が勝負を決めると思いますか？　そうではありません。たくさん考えた人間が勝ちます。気持ちが強い人間が勝ちます。

そして負けた時には、「それでも、もう一回大好きになれるか?」と問われます。本気で大好きで、またがんばれるかどうかは、負けた時にわかるのです。

このように勝負とは自分との超濃厚なコミュニケーションであり、言い訳がきかない世界だから、結果が出るまで正直にやり続けるんです。

ボクシングのリングからは降りましたが、クロッサムモリタはまさに僕の第二のリング。僕と食材の試合をお客様に観戦いただいているような気持ちで仕事をしています。

一皿一皿が1ラウンド、食材との真剣勝負を繰り広げます。すべてのお料理を食べていただいて、お客様に勝負の判定をしていただく。この勝負を楽しんで、いつでもいい試合ができたらと思っています。

ちなみに僕は六花界を始めてからもしばらくボクサーを続けていたので、「減量はきつくなかったですか?」とよく聞かれます。

そりゃ、きつくないわけがありません! めちゃくちゃ美味しいお肉が目の前で焼かれてるわけですから(笑)! 絶対に相手を倒して、試合後に美味しく食べてやろうって思っていましたよ。

042

「美味しい」に国境はない

「美味しい！」

空腹は誰にでも訪れる感覚です。だから誰かを「満腹にしたい」という気持ちと食材があればどんな国でも、僕は生きていけると思っています。海外で食を通じたチャレンジを行ったと伝えましたが、大切なのは現地の「日常」を知り「同化」することです。そこで生きてみる。それが僕の旅行中のライフスタイルです。

「市場に行き、食材を買い、料理をする」

これが一番。

旅行で観光もしますが、それだけでなく現地の人々の生活にふれます。そこに生きる人の目を見て、笑顔で声をかけ、現地の人を招いて現地式のホームパーティーを開催します。そこに住んでいる「彼ら」の人生を体験し、自分の人生に置き換える。その国を知るのに一番早い方法です。

今までアメリカ、タイ、ラオス、スペイン、ケニア、ギリシャ、フィリピンのセブ島などいろいろな国で現地で出会った人々と食のチャレンジをしてきましたが、今回はめちゃくちゃハードだったフィリピンでのお話です。

マニラに行った時、世界的スラム街といわれる「スモーキーマウンテン」に行きました。旅行には日本人のシェフと行ったのですが、スラム街に誘うと「何かあったら嫌だから」と頑なに拒まれて、結局一人で行くことにしました。現地の人にも相談したのですが、何度も「危ない」と言われたので、「昔に何かされたの?」と聞いたら「行ったことない」と。「何もされてない」のに何が危ないいんだろうと不思議でした。

そこには実際に生活している人がいて、きっと何らかのポジティブなエネルギーが存在しているはず。確かに危ないこともあったのだと思いますが、ネット情報の「命の危険や病気、犯罪」ばかりに目を向けてはいけません。

タクシーにも何度も断られましたが、何とか交渉して片道切符を手に入れてたどり着いたスモーキーマウンテンでの出来事は、素晴らしい経験でした。

ゴミの山でできたその集落は家と呼べるものはなく、まさに原始の生活。「衣食住」が乏しく、想像を超えていました。

集落の入口も見つからず、冷蔵庫やテレビが積み上げられた山を登って、とにかく一番高い場所に行ってみて、全体を把握することから始めました。

最初に出会ったのは子どもたち。子どもは世界共通、初めて会うモノや人に興味津々です。仲良くなるのに時間はかかりませんでした。

次第に人が増えてきて、家族を紹介してくれて、一緒に食卓を囲み会話をしました。

誰がどこから持ってきたかわからないごはんを「食べろ」と手渡してくれたので、食べたらその場のみんなが「おぉ！　こいつ食べたよ！　今まで誰も食べたことなかったよ！」っぽいリアクションをしてくれ、仲良くなれました。

彼らの貴重な1食を共にいただくことで心で会話をすることとなり、彼らの生活にふれることができました。そして僕はお返しに「僕が用意した食材で料理をさせてほしい」と伝えたのですが、「ガスも電気も水道もない。この環境で料理といえる料理はできない」と言われてしまいました。

しかし、指で千切っただけですが、簡単なお食事を準備し、その国の文化なりのお料理をその家族のみんなに振る舞うことができました。

言葉は通じませんでしたが、食事という共通言語で会話ができた気分は最高でした。

経験や体験は一生の価値であり、それを選択することが人生を豊かにすることなのです。

……とまぁ、冒険譚《ぼうけんたん》のように語ってみましたが、「あそこだけは行くな」って全員に言われた時は、さすがに「やめとこうかなぁ」とめっちゃ思いました（笑）。けど、「最後の1

台」と思って声をかけたタクシーが行ってくれたのもラッキーでした。帰りはもっと大変でしたけど。

ぜひ皆様も旅行に行かれたら、その土地の市場や商店街に行ってみてください。地元の人がなぜそこに住んでいるのか、聞くだけでも勉強になりますし、見たことのない食材や聞いたことのない言語、違っていてすごくおもしろい。同じ旅行でも何倍も楽しい思い出を作るのは、観光地より少し離れたローカルタウンにこそ転がっています。

ちなみに、

「ニューヨークで歩いている人に適当に声をかけ、その人の家で料理をさせてもらい、お金持ちの友人を紹介してもらう。またそのお金持ちの友人を紹介してお料理を作り、最終的にどこまでの富豪にお料理を作れるか？」

というチャレンジもしてきました。結果、超有名なハリウッド俳優に会うことができ、フードファイターの小林尊さんも駆けつけてくれました。

これからも挑戦は続きます。

043

お金の使い方に満足できると執着することはなくなる

六花界での会話で、僕は「最近、何買いました?」としばしば聞きます。だって、身近な人が「自分が働いた時間で得た対価」を何に支払ったか知りたいですよね? 何にお金を使うのかで、その人がどこに価値を置くのかを知ることができます。どんな質問より的確に得られる情報量の多い便利な質問だと思っています。つまり、この質問は密度の濃いリサーチでもあるのです。

僕自身はあまり物欲がなく、とりたてて贅沢をすることもなく、移動は自転車、旅行に行けば安宿に泊まり、ブランド品も持っていません。日記と一緒に家計簿もつけて、ちゃんと自分のお金の管理もしています。

そんな自分が何にお金を使うかといえば、「事業」です。

少し育った環境をお話ししますが、僕は親戚一同自営業の環境で育ちました。かといって大きな会社を経営するわけでもなく、細々と個人事業主としてそれなりに成功を収めている親戚がほとんどです。

父方は旅館と家具職人、母方は人形屋と化粧品店。両方のおじいちゃんもおばあちゃんも共働きでした。当然父も母も商売人で、商売があたりまえの家で育ちました。ですから、幼少からお店に立ったり、父の打ち合わせに同席したり、たくさんの職業を身近に見て育ち、「お客様の笑顔」のために生きることが大切だと教わってきました。

しかし、みんなお金を使いませんでした。特におじいちゃんは質素で、ビルをいくつも持っているにもかかわらず、いつも軽トラックに乗ってボロボロの服を着ていました。

その教えもあって、贅沢品の買い物には抵抗があります。

だから生まれてから一度もお金を借りたことはありません。25歳で独立してからいくつかの事業を立ち上げましたが、すべて自己資金で、一度も借金をしたことがありません。親族からの支援も1円もありません。節約して貯めたお金で六花界を開業し、六花界からいただいた資金でいくつかの会社を運営するようになりました。会社はすべて黒字の明瞭決算です。

つまり、**お金は「ない」なら「ないなり」に商売を始め、少しずつ大きくして、身の丈**

にあったお金の稼ぎ方をすればいいのです。大切なのはお金自体に固執しないこと。

お金のために働いていませんか？　月末になると「お金がない」と思っているあなたは、すでにお金のために働いてしまっています。では、どうすればお金が貯まり、お金に固執しなくなるか？

稼ぐのは自分。だからその自分に投資することが一番良いお金の使い方です。固執しなくなる方法は、自分のお金の使い方に満足すること。満足しないから、何度も何度も「何か違うなぁ」と別の使い方を模索してしまうのです。「出て行ったお金よりも価値あるものを手に入れられた」と心から納得できれば、お金に固執しなくなります。

自分に対して使う分、リターンも大きく、それが自分の人生そのものに関わってくるほど大きな意味を持つのです。

そして何より大事なことは、自己投資のほとんどは、実は「お金がかからない」のです。セミナーや専門学校などに通うことだけが自己投資ではありません。本当は、世の中を見る目一つ、一歩を踏み出す行動一つが自己投資につながります。

だからこそ、自己投資に長けている人はお金が貯まるようにできているのです。

仏僧のように質素にとは言いません。しかし仏僧の鍛錬のマインドは取り入れ、シンプルに生きることが、お金も健康も精神も豊かに生きることなのです。

044

複数のことを同時並行でやるのは実は効率がいい

自己投資が大切だとお伝えしましたが、身につけたい能力や上達したい技術を効果的に習得するためには方法があります。それは、**集中力をコントロールすること**です。

そもそも、人間の集中力はそんなに続きません。

記憶力に関する研究では、1時間以上の記憶的学習を継続的に続けても約40%は忘れてしまうため、反復して学習を続けた方が効果的だと言われています。

毎回楽しみなテレビ番組やドラマでさえ、集中力は大学の講義と同じく90分が限度です。雪山で楽しむスノボや、大好きな恋人との会話中でも、お腹が減れば集中力は切れ、ご飯を食べるように体はできています。

習い事ややりたいことは、最初はできると嬉しくて、もっともっとたくさんやれる気がします。その満足度に比例して集中力が続くことも多いのですが、**まず大切なのは「次の日もやれる状態でいること」**です。

つまり、続けることが前提でないとなりません。

「日記を書くぞ」と日記帳を買うと、最初は意識的にたくさん書くものです。でも、次第に文章が少なくなって、書かなくなってしまう人がいます。しかしこれではいけません。毎日の習慣に組み込めるくらいに無理のないようにして、毎日続けることです。


二つ目は、**「間違った努力をしないこと」**。

集中力と成果には大きな関係があり、成果があればもっとがんばろうと思えます。ですから、集中力を持続させるには確実な成果が見えた方がいいのです。**大なり小なりがんばることは苦痛を伴いますから、その苦痛が最小限でいいように、効率的なやり方を考えることが重要になります。**

たとえばボクシングの場合、「筋肉量の増加」と「脳と身体の機能的変化」は別です。つまり、「筋肉が増える」＝「ボクシングが強い」ではありません。

毎日ダンベルを死ぬほど上げてもボクシングは強くならず、ただ筋肉がつくだけです。それよりもボクシングで強くなるには頭のトレーニングが必要になります。効率的に一つひとつ丁寧に技術を習得していくのです。

つまり、何が一番必要なのか、具体的な目的をもって練習法を限定することが大切になります。それ以外のことには時間を使いすぎないようにします。

そして三つ目は「複数を並行練習する」ことです。

効率的に勉強や練習の時間を分散させて、1日の中に複数の目的を達成することで、同時並行でトレーニングすることができます。

僕は30歳の時、「建築家・プロボクサー・料理人」という仕事を同時にしていました。その生活スタイルは10年経った今もそれほど大きくは変わりません。

大変なことに思えるかもしれませんが、日常生活にマインドロジックを置き換えて組み込むことができれば、脳内ではすべてつながっており、各分野同士の情報交換によって、むしろ要領よく技術を習得することができます。

学生時代って、「授業→部活→バイト→飲み会」って生活ができていましたよね。眠る寸前まで必死で遊んでいたこともあるんじゃないでしょうか？

それに比べて今はどうでしょう。タスクが減っていませんか？　学生から社会人になる時に「もう仕事だけの人生になるのかな？」って失望したことはありませんでしたか？

気をつけてください。本当にそういう人生になっちゃいます。本当は学生の時みたいにいろんなことが同時にできるんです。

しかし、できないように単純化したのは自分自身なのです。

自然な生活に、学生の時から繰り返し「ギリギリまで遊ぶ感覚」を組み込み、「遊ぶ」を「習得する」に変換し、そのままの生活を20年続けるだけです。


つまり僕にとっては、大学の時の「建築（授業）→ボクシング→飲み会」の「飲み会」が「料理」に変わっただけなのです。実際、六花界は毎日飲み会みたいなもんですし（笑）。

もちろん、たくさんのことを同時にすると少し脳は疲れます。

しかし1日の時間を割って、一つひとつ限定的に集中して勉強をするとたくさんのことを知ることができます。

人間の脳は放っておくとすぐにシステム化してしまいます。これを逆手にとって最初からたくさんのことができるように脳に命令をすれば、効率的にさまざまなことを仕事に組み込むことができ、メリハリも出てダラダラしなくなります。

仕事がたくさんできるようになれば、休みの日に、「今日は結局何もやらなかったなぁ」と気がついたら夜になっているような生活は一切なくなります。

あとは、始めてしまうこと。スイッチを押すだけです。

045

物事にラッキーパンチはない

ボクシングは、ラッキーパンチで相手を倒せることはありません。強くなるためにたくさん練習し、努力をした人間が勝つようにできているし、たまたま得たモノは離れていくように世の中はできています。たとえば、柔道をやっている人は、車にはねられた時でもとっさに受け身をとってケガから逃れられると言います。それがどこで役立つかはわかりませんが、体に染みつくまで練習したことは必ず自分を助けてくれるのです。

身体的な鍛錬だけではなく、知識も同様です。知識を得て、そこから知恵を生み、日常に活かし、しっかりと体に染み込ませることが「年の功」なのです。長く生きるほど身体能力は衰えますから、自ずと知識的表現を求められることが多くなるのです。

銀座に「大夢」という和食の店があり、月に一度、シェフの先輩方と一緒に伺います。季節のお話を聞き、食材に感謝し、礼節を知り、お料理の1皿ずつを成り立ちから勉強させていただいております。その食材がなぜこの季節にあり、組み合わせによってどんな味になるかなどを考える貴重な時間です。飲食の仕事をしていると、食材の知識が求められる時は突然訪れます。

クロッサムモリタはすべてのお料理に牛肉を使用し、「牛1頭」を味わうようなコースの構成となっています。

冬のある日のことです。ごぼうのスープと腕肉の切れ端を使ったお料理を提供する予定だったのですが、最後の仕上げの腕肉が使えなくなってしまったことがあります。

お客様には、ごぼうのスープの説明だけさせていただいたのですが、終わった後に「あのスープはお肉のどの部位を使ったお料理だったのですか？」と聞かれました。

「さすが常連様！」と同時に、「どう説明しよう⁉」と僕はパニックで頭が真っ白に（笑）。

その時、ふと口をついて出た言葉は、

「ごぼうという字を漢字にしてください。ごぼうというのは【牛蒡】と書き、こちらには牛という漢字が入っているのです」と。

お客様は「なるほど！　風情がある！」と褒めてくださいました。無意識からの言葉でしたが、それも季節の由来を勉強させていただいていたおかげです。それが具体的にいつになるかはわからなくても、日々の鍛錬は何事においても自分の身の役に立ってくれます。

046

自分のことがわかると自己プロデュースもうまくいく

自分を良い状態で保つ一番のバロメーターは「自信」です。

自信とは困難に立ち向かう力、そして確実に鍛えることができるスキルなのです。自信がある時は未来のビジョンを見ることができるけど、自信がない時は目先のことも考えられなくなります。つまり、思考は行動に影響します。

では、どうすれば自信は生まれるのか？

まずは前述した通り、**「繰り返し練習」が大事です。**

雛鳥と同じで、何度も羽ばたいて、何度も落っこちて、それでも羽ばたいて、最後は自分の力で飛んでいけるもの。練習には失敗がつきもので、大切なのはその失敗から立ち上がることの積み重ね。それができたら自分を褒めてください。自分の価値を認める言葉を口にしてください。

その言葉がまた行動を変えてくれます。

僕が勤めていた「宮田ジム」には、元世界チャンピオンの内藤大助さんが在籍していました。内藤さんはボクシングだけでなく、自己プロデュースの天才でもありました。いじめられっ子だった内藤さんは、怒られると萎縮してしまうことを自分で知っていました。ですから、ボクシングで失敗した時に怒られると、悪いループに入ってしまうことも知っていました。

だからある日、勇気を出して**「何があっても僕を褒《ほ》めてください。そしたら僕はチャンピオンになります」**と言ったそうです。

それを「わかった！」と言ってすぐに軌道修正をした宮田（博行）会長も天才です。内藤さんは、言葉通り世界チャンピオンになりました。

実は僕も、六花界を始めるまで包丁も握れませんでした。初花一家を作ってから初めて自分の包丁を買ったくらいです。

今ではテレビでも芸能人の前でだってお料理を作れるようになりましたが、それも毎日しっかり分析しながら練習し、そんな自分の少しの上達を自分で大切に褒めてきたからです。誰にも褒められなくて構いません。自分で自分を褒めてあげてください。そしたら、チャンピオンにだってなれます。

047

音楽って大切。行動のテーマ曲を作る

世の中に「ＤＪ」という仕事があることに疑問を持ったことはありませんか？　人が作った音楽を組み合わせることでなぜ職業として成り立つのか？

「極論、誰でもできること」。長い付き合いをしてくださっている世界的ＤＪのＦＰＭ田中知之さんの言葉です。

僕は、お料理とＤＪはかなり近い関係だと考えています。料理も誰でもできて、みんな料理人になれます。音楽は誰かが作ったものだとするのであれば、食材も自然に作っていただいたものです。そのすべてを１枚のテーブルや、お皿に置いて料理をするのです。

僕は食で人を幸せにできると思っているし、彼らは音楽で人を救えると思っています。その点でも共通することが多いと感じます。

実はかく言う僕も大学の時、大阪難波《なんば》でＤＪをしていました。

音楽を始めたのは中学１年生です。最初はギター。お小遣いがなかったので、朝５時半の電車に乗って大阪の西成区《にしなり》に行って、「あいりん地区」と呼ばれる街で日雇い労働のお手伝いをしました。今では考えられないくらい安い賃金でしたが、背伸びをした経験と、がんばって貯めたお金で買ったギターは、僕の宝物でした。

そして最初のライブは、中学校2年生。大阪のとある駅前の噴水広場、1年で一番大きい夏祭りに出演を抜擢していただき、少なく見積もって1000人ほどの方々が360度から見える状態で演奏しました。

今でも当時のビデオが残っていますが、喉から心臓が飛び出そうでした。死ぬほど緊張したし、今はいないおばあちゃんが着物を着て、コンクリートの上に正座をして、泣きながら最前列で僕を応援していましたし（笑）。ボンジョビを弾く僕は、さぞかし不良に映ったことでしょう。

その後ボクシングを始めてからも音楽を続け、悩んだり辛い時には勇気が湧くような曲を作り、楽しい時には未来が楽しみになるような曲を作りました。

ボクサーにも必ず入場曲があって、自分のテーマ曲をかけることで、テンションを上げ、これまでの練習成果や、緊張をほぐしながら勝利のイメージを付けて、ゲン担ぎとマインドチェンジも行います。中にはバラードで入場する人もいます（笑）。

音楽は気持ちを増長させることができるのです。

だから、嬉しい時はもっと嬉しいことを楽しむために最高の音楽をかけてみてください。目標があっても意欲が湧かない時は、曲でマインドを誘発させてみてください。がんばった時に聞いていた曲を聞くと「がんばった過去」を思い出すこともできます。

音楽もまた、人生にとって大切なものだと思います。

048

パターン化していくことで、がんばるストレスは減っていく

日本人は繰り返す作業に長けています。しかも他の民族と比べとても器用で、その中から新しい発想を生み出し、島国という環境で独自の文化を発達させました。

僕たちの祖先は刀を研ぐように道具を大切にし、地震や台風など変わりゆく自然現象が多い中、自分たちの暮らしが平穏無事に繰り返せるように努力をしてきたのです。

ここでは僕が習慣的に毎日繰り返すこと、そしてそこから学んだことをお伝えします。

僕がさまざまな挑戦を繰り返す毎日には、目新しい情報や変化が多く、常に新しいことをする環境にありますが、20年以上変わらず、必ず決まって繰り返し行っていることがあります。

まず、起きたらすぐ走ります。

ボクシングのジャブは25年、ほぼ毎日フォームを確認します。

日記は中学1年生から書いています。

外出する時は、鏡を見て笑顔を作り「今日も元気でがんばるぞ」と言い聞かせ、寝る前には、やり残したことがないかを確認します。

行動をパターン化したメリットの一つ目は、「ムダがなくなり、洗練される」こと。

パターン化すると、体も心も効率的に継続できる状態を保つように変化します。徐々にその行動にムダがなくなり、脳が効率の良い状態とパターンを生み出してくれるのです。**実は「繰り返す」というのは、いつも完全に同じ行動をするのではなく、微妙に違うパターンを何個も試しているのです。**次第に目的に対して最適な方法を発見し、ムダのない洗練された美しい、独自のやり方を構築していきます。つまり「繰り返す！」と決めることは、物事の密度を上げて日本刀を研ぐように洗練することなのです。

そして二つ目は、**「無理なく続ける状態が発見できる」**こと。

パターン化するには、心身ともにリラックスしている状態が最善です。「毎日走れる」ということが重要であり、フルマラソンを毎日してもオーバーワークになってしまい、次の練習につなげられません。何かを記憶するにしても、やりすぎて次の日に何も覚えていないのでは意味がありません。

また、成果は少なすぎてもいけないので、**「ちょっと満足感がある」程度の目標を設定**

するのがコツです。無理のない目標を設定することで、結果が次第に伸び、自分自身の能力も向上しはじめます。知らず知らずのうちに、要領良く継続できる体の状態を発見しているのです。体も心も目標に到達できるように心身の状態が進化していきます。

三つ目は、**「効率的な脳の使い方がわかる」**こと。

科学的にも、短期限定の記憶や練習は、脳内の特定の物質の濃度が変化するだけで効果が薄いことがわかっています。脳の物理的変化に結びつくまで反復しないと忘れてしまう。つまり、習得には時間がかかるのです。

縄跳びも英単語の記憶も、1日練習すれば一時的にはできるようになりますが、次の日にはまたできなくなります。そうではなく、何日も何週間も繰り返すことで脳はようやく「必要なんだ」と認識し、物理的に変化を起こし、長期的な行動の記憶ができるようになります。さらに、いくつかの学習を並行的に繰り返すことで、脳は他の領域とネットワークを結び、連結し、変化をしていきます。これによって他方面の知識を応用したり、過去の経験と似た情報に置き換えていくことができるのです。

つまり**反復することで、脳は「濃度的変化→物理的変化→構造的変化」と、ステップアップさせて変化していく**のです。

たとえばボクシングの基礎練習も一つひとつは簡単ですが、とても科学的なトレーニングであることがわかります。

ランニング、シャドー、縄跳び、サンドバッグ、パンチングボール、柔軟、スパーリングといった基礎が重なり、「リングの上の自分」へとつながっていきます。

他のスポーツも一緒ですよね。それぞれの基礎を練習することで脳内に濃度的な変化が起こり、繰り返されることで物理的変化が起き、さらに精度を上げて繰り返すことでそれぞれが有機的につながっていくわけです。

日常の中でも、悩んでいる時に「それってこうやればいいんじゃないの?」とさらっと言える人は、脳の効率的な使い方が上手で、「パターン化」が優れている人です。

過去にあった自分の経験をパターン化できているからこそ的確なアドバイスを端的にすることができるのです。

繰り返しパターン化していくことで、「がんばる」というストレスを軽減し、だんだんと体と脳の使い方を覚えていき、洗練させていきます。

そうすると、仕事だって趣味だって上手に楽しめるようになっていくことでしょう。目標を達成することも簡単になっていきます。

第5章

シェフとしての哲学

049

「焼肉屋の人」からシェフになるまでの葛藤

僕の料理人人生は、山田宏巳《ひろみ》シェフと出会えたことで第二のスタートを切りました。

この人がいなかったら、今の僕はないでしょう。

そもそも、焼肉屋とシェフの間にはとても大きな溝があります。

ある地上波の収録でも、「こちらからフレンチの○○シェフ、イタリアンの○○シェフ、そして森田君」と紹介されてしまい、僕だけシェフではなかったんだと思い知らされることがありました。

僕だけ何となく立場が違うような気がして、ショボーンとしたり……。

修業ゼロで料理人になった僕は、相談する相手もいないまま店舗を3つ作り、それでも毎日お客様に喜んでいただこうと必死になっていた頃でした。

年功序列の体育会系な部分もあるし、世襲制で修業先を問われることもしばしばあるのが料理業界です。

料理に携わって現在10年になりますが、オーナーシェフとしてメニューもレシピもペアリングも内装も接客も、当然すべて自分で考えます。

ずっと、「シェフと呼ばれる人間になりたい」と強く思って毎日がんばっていたのですが、焼肉「六花界」のインパクトはべらぼうに強く、どこに行っても「立ち食い焼肉の森田君」以上になれないのでした。

想像してみてください。

合コンに行って端から「弁護士さん、パイロット、お医者さん、ＩＴ系社長、焼肉屋」となった場合、焼肉屋に言うことなんて「あ、うん、今度お肉食べに行きますー」くらいしかないでしょ（笑）？　そんなもんなんすよ。

半ばシェフをあきらめかけていた頃、一本の電話が鳴りました。山田宏巳シェフからでした。

「森田くん、カニを食べに行かないかい？」が第一声でした。

森田「はい！　行きます！　どこですか？」

山田「福井だね」

森田「じゃぁ、他のシェフの方々にもお声がけしますね！」

山田「いや、今回は森田君と行こうと思うんだよ」
森田「え？　はい」
山田「そしてね、タダでカニってワケにはいかないからね、現地でちょっと料理を一緒にやろうか。福井のフレンチの名店のサラマンジェフで、僕の仲間の藤井正和シェフが前菜。魚は新橋のラフィネスの杉本敬三シェフがいいよね。彼は『ＲＥＤ Ｕ‐35』初代グランプリだしね。僕はパスタをね。**そして肉は、森田シェフ、お願いね！**」
森田「え？　え？　え!!」

福井での山田宏巳シェフのイベントに僕をシェフとして起用してくださったのです！　大声で「ありがとうございます！」と言って電話を切ったあと、嬉しくて嬉しくて涙を流しました。

この日のことは忘れません。

その日を境に、山田宏巳シェフは僕を連れて国内外を問わずさまざまな場所でたくさんの経験をプレゼントしてくださいました。まさに武者修行の旅。

できないこと、わからないこと、恥をかくこと、たくさんありました。それでも山田宏巳シェフは今日もずっと変わらず僕に大切なチャンスをたくさんくれます。

僕をシェフにしてくれたのは、他でもない山田宏巳シェフです。

そして念願叶い、続けていた研究と勉強が評価され、生産者様のお力添えもあり、2020年度コロナ禍の飲食店が最も難しく大変な時期、そして東京オリンピック2020の開催の年に農林水産大臣より料理人顕彰制度「料理マスターズ」として顕彰されました。支えてくださった皆様に感謝を申し上げます。

努力し続けていれば、かなわないことは何一つありません。

050

料理人として始めた世界への挑戦

「世界最小の戦争」って兄弟喧嘩だと思っています。チャンネル争い、ゲームの順番、お菓子の取り合い、本当に些細なことがきっかけで喧嘩になってしまいます。

しかしそんな喧嘩でも、ひとたび母親が「はいはい、お腹が減ってるのね」と手作りのおにぎりを持ってきたら、一瞬で喧嘩がおさまります。

「美味しい」とは「平和」。そして、食事をしている時ほど無防備になる瞬間はありません。紆余曲折、僕はさまざまな業種を経て料理の道に入ったからこそ、料理の魅力の大きさを人一倍感じていて、「いつか料理の力で世界を平和にできるんじゃないか」と本気で考えています。

生きているとお腹が減ります。食事をすることは世界中のどこでも生活の基本であり「美味しい」に国境はなく、そして言葉もいりません。

だから料理は、音楽やアートと同じだと考えています。

「東京にいてレストランで料理を作っているだけでは、その可能性を知ることができない」

と思い、年に数回、日本から包丁を持って飛び出して海外でイベントをしています。

2017年の夏には、ギリシャでチャレンジを行いました。ギリシャは少し前に、国が経済破綻し、失業率は急増し、たくさんの人が経済的に困っていました。ですから、異国の人間が現地でチャレンジすることが何かの勇気になればと思い、ギリシャを選びました。

「日本酒と和牛」で笑顔を与えたい！

その気持ちだけで単身、包丁と食材を持って現地に行きました。

ギリシャは純粋な人が多く、自分の持っている大切なものですら人に与えてしまうほど、相手を思いやる国民性の国です。きっと僕のこのチャレンジも受け入れてくれると思っていました。

しかし、いざ実際に足を踏み入れてみると、治安は悪く、アポイントを取ろうとしても英語も通じず、人脈もない自分だけではなかなかうまくいかず、困り果てたまま数日が過ぎました。

何とか「イベントをどこかでさせていただけたら」と、ビーチ近辺のレストランに声をかけたのですが、全滅。50軒くらい断られました。時期は8月のベストシーズン。イベントをしたくても観光客優先で、僕がイベントをするスペースはありませんでした。

八方塞がりで食材の賞味期限が刻一刻と迫る中、藁《わら》をもつかむ気持ちで、現地の移動のために運転手をしてくれていたニコスに「食材が悪くなるより、せめて誰かの家を借りてホームパーティーでもできないか？　日本食を食べたい友人はいないか？」と聞いてみました。

ニコスは数件電話してくれて、友人を呼んでくれました。同じくギリシャ人のマルコです。マルコはガイドの仕事をしているらしく英語が堪能で、方々に聞いてくれた結果、マルコの彼女がキーパーソンとなりました。偶然にも彼女はギリシャ最大のホテルグループと深いつながりがあったのです。

ホテルのゼネラルマネージャーに会える機会をいただき、僕は思いの丈をぶつけました。すると、そこから話がトントン拍子に進み「森田シェフのために何でもする」というありがたい話をいただき、現地の方々を含む5カ国、なんと80名様のゲストを相手に「森田隼人日本酒と和牛」イベントを開催してくれることになったのです！

集客もすべてしてくださり、現地のレストランスタッフ10名のお手伝いを得て、日本にない食材との出合いもたくさんさせていただき、イベントは満員御礼で幕を閉じました。

さらに、そのイベントには国営テレビ放送まで駆けつけてくれ、「日本から来たシェフがギリシャで日本の食材と料理を振る舞う」と大々的に放映してくださいました。

夕暮れ、来てくれたすべてのお客様にご挨拶をし、沈む夕日を見て日本を思い出しました。その時に飲んだ日本酒の味は忘れられません。

翌日、テクテク街を歩いていると「シェフ！」と笑顔の男性に声をかけられ「昨日来てくれたお客様かなぁ？」と思っていたら「シェフの料理はどこで食べられるんだ？」と。「あれ？　昨日来てくれたんじゃないの？」と聞くと、「TVだよ。日本から肉のカリスマシェフが来ているってニュースでやってたよ」と教えてくれました。

それから街を歩くたび、たくさんの人に「ほんとに一人で来たの？　自分も日本に行ってみたい！」「日本には君みたいなチャレンジャーがいるんだね！　今、僕は転職中だけど勇気が出た！」「シェフの料理を食べられるようにがんばるから、また来年も来てほしい！」と何十人もの人に言っていただきました。

正直、僕自身、ここまでの規模でイベントができるとは思ってなかったので涙が出ました。がんばれば、きっと誰かに伝わります。続ければ、きっと料理で人の笑顔の連鎖を生み出せます。

「シェフとは神である」。これは、僕の大恩人である山田宏巳シェフの言葉ですが、シェフとは包丁一本でどこでも人を幸せにできる最高の職業です。

このギリシャを皮切りに、台湾・台北ではリージェント台北で2カ月のポップアップ・

レストラン（期間限定のレストラン）、タイ・バンコク、スペイン・バルセロナ、ラオス・ヴィエンチャン、フィリピン・セブ島、フランス・パリ、アメリカ・ニューヨーク、ロシア・ウラジオストクなど、その他たくさんの国で料理をしました。

今の自分にできることは料理を作ることですが、これからはフードロス問題や新しい食材の開発も手がけていきたいと思っています。

世界中の人々に食で感動を分け合うことが、僕にできる世界平和の一歩だと信じています。これからも料理人として料理を作り続けます。

【ギリシャチャレンジ】

051

ストレスで味覚がなくなって気づいた、食べ物と体の関係

6年前、密着取材をしていただき、テレビ東京の「クロスロード」という番組に出演させてもらいました。

「クロッサムモリタ」ができるまでの半年間を密着取材していただいて、非常に楽しかったのですが、プロジェクトの責任感と撮影のストレスを感じていたのだと思います。

ある日突然、味覚を感じなくなってしまったのです。

僕の場合、まず甘味から感じなくなりました。「人体はよくできているな」と思ったのですが、快楽的な味覚からなくなり、最終的には何を食べても「痛み」だけを感じるようになりました。

料理をする人間として「戻らなかったらどうしよう」と一瞬目の前が真っ暗になりました。ただ、なってしまったものは考えても仕方ない。せっかくなので「この感覚でどこまで食材とコミュニケーションができるか」を試してみることにしました。

「甘・酸・辛・苦・鹹《かん》」の五味が消えると、わかるのは舌や歯、口の中に伝わる触感だけです。食べる料理が液体か固体か、熱いか冷たいかに分かれます。「食べる」＝「食感」であり、何を食べても満腹感があまりしません。

本来あるはずの感覚がなくなると、違和感で余計にストレスが溜まります。特に、味が濃いはずの料理を口にした時ほど「味がない！」という感覚は失望が大きく、いっそぬるいお湯に栄養が入っていれば、一番ストレスがないのにと思いました。

そして、だんだんと食欲がなくなっていきます。

驚いたのは、味覚がなくなるとだんだんと口の中で食材の形もわからなくなることです。歯で硬さは感じるのですが、強度が一定以上あるものは痛く感じるようになり、食べている感覚もなくなりました。

その後、口の中に入るものはすべて刺激物になり、痛いと感じるようになりました。たとえば、せんべいは「めちゃくちゃ痛い」だけの食べ物で、蟹もただただ痛く、ラーメンに至っては劇物です。とにかく「味のない、あっさりとした痛い何か」になります。

つまり、日常からたくさんの刺激を受けていて、その刺激を味覚としていくつかの感覚器に振り分けて分類をすることで、「美味しい」という快楽を得ていることを知りました。

2週間ほどすると、今度は嗅覚が鋭くなります。酸や香辛料はもちろん、強い食材の匂いは味覚を補うほど敏感になるのですが、口に入れても味がしないので、違和感が残るようになります。

そしてとても不思議なのが、何となく食材の重力みたいな圧力や密度を感じることがあるのです。

口に入れる食材が、何となく体に良いか悪いかがわかるような感覚で、この話は確実ではありませんが、牛肉を食べた時、ストレスを受けて育った牛か、のびのびと育った牛か、味はまったくわからなかったけれども、いくつかある生産者を言い当てたことがあります。

口内から「味」という情報を奪うと、食材のポテンシャルの影響をモロに受けることがわかり、食べるということはまさに「地球環境を知ること」なんじゃないかと思うほど別の情報があまりにも多く入ってきます。

食事とは「異物と体のコミュニケーション」だとわかり、食べた後の体温の上昇や思考能力の低下、全身の倦怠感から、内臓に極端にストレスがかかっていることも勉強になりました。

その後1カ月ほどで密着取材も終わり、同時に味覚も元に戻ったのですが、なんと！以前より味が繊細にわかるようになりました。

まるで1カ月断食をして、回復食が素材の味を敏感に伝えてくれるのと同じように、異常に味覚が鋭くなり、日本酒の利き酒も得意になり、お料理も食べれば素材と調理方法まで何となく理解できるようになりました。

味覚は食事のためだけではなく、安全や健康のバロメーターで、食材とのコミュニケーションツールです。自分の体が健康的に生きるために、自分の体の端っこから中心を抜けて端っこまで、時間をかけてゆっくり通り抜けるコミュニケーションが「食べる」ということ。

ぜひ、ただ「美味しい」と感じるだけではなく、食材から、もっともっとたくさんの情報を学べることを知ってください。

少し意識すると、噛む回数や、食べる姿勢も変わるかもしれません。今本当に体が欲している食材や、自身の健康状態を理解できることにもなります。体は長いパートナーです、しっかり対話して末永くお付き合いください。

第6章

人間関係の哲学

052

バラバラのお客様同士でも一体感が生まれる「うどん派か蕎麦派か」トーク

六花界は2・2坪の立ち食い焼肉という業態のため、人間関係については配慮することも多く、たくさんの学びがありました。

そこで、この章では僕の考える特別な人間関係のコツやコミュニケーションについての方法について書かせてください。

六花界はその日その時、どのタイミングでどんなお客様がいらっしゃるかわかりません。お客様が来店される時間も違えば、来られる人数、テンションや酔っ払い具合もさまざまです。

来ていただければたいてい「あ、こういうお店ね」と馴染んでいただけるのですが、稀に、集まっていただいた皆様のテンションがてんでんバラバラの時があります。

そんな時にどうするか？

たとえば店内に、15名のお客様がいらっしゃるとします。2人組や3人組のグループの方々が半分くらい、お一人様のお客様が残り半分くらい。僕の近くには女性のお客さんが多いという配置。

そこへ、すでに3軒目くらいで酔っ払っている男性客がいらっしゃったとしましょう。声の大きさも酔いの深さもバラバラなので、このままでは不快になる人が出てきてしまうかもしれない……そんな時、酔っ払っていて声の大きいお客様に「静かにしてください」と伝えるのは場の雰囲気を壊してしまいます。

そこで、共通の話題を「そっと」与えます。リアル脱出ゲームみたいな感じです。たとえば、酔いすぎているお客様には「財布の中の小銭、いくら入ってるか？」的なゲームをして、そのままお会計をいただいたり。些細なことでいいんです（笑）。

他にも、お客様のテンションや興味がバラバラだという時にはスマホの検索は禁止して、みんなが知ってそうでなかなか思い出せない女優さんの名前をお題にして、みんなで情報を出し合って思い出したりするクイズをしてもらったりします。

また、六花界にはお客様からいただいたお塩をテーブルの真ん中に置いています。そこで塩をいろいろ試していただいて、塩の人気ランキングをみんなで作ってみたり。

そんな小さなイベントを一緒に行った時のメンバーが、再び六花界で出会った時、「ああ、あの時の‼」と必ずなります。常連さんも一体感を持ってくれるようになるのです。

またもう一つ、お客様同士のコミュニケーションを深めてもらうためにしていることがあります。

それは、**制限付きの質問をすること**です。

たとえば、「何か話して！」といきなりふられると、何を話していいかわからなくなってしまいますよね。でも、「お蕎麦とうどんだったらどっちが好き？」と聞かれると、どうでしょう。誰でも答えられますよね。

特に会話は、5人くらいまではまとまりやすいですが、10人も集まるとみんなバラバラに好き勝手に話し出してしまうものです。僕は、ちょうどそれぞれのグループの会話の切れ目を見計らって、唐突にこのような質問を全体に投げかけます。

「なあ、みんな、うどんと蕎麦ってどっち好き？」

みんな不意をつかれて一瞬「えっ？」となります。

でも、その中で好奇心旺盛な人は、何かあるのかなと思って僕の質問に食いついてくれます。一人が答えてくれると、あとは簡単。順番に聞いていくだけです。単純に「蕎麦」とだけ答える人もいれば「関西出身なのでうどん」とか追加で個人情報が出ることもあります。

この時、たとえば関西出身が二人いたとすると「関西のどちらですか？」と出身地トークに脱線してしまったりします。せっかく「蕎麦とうどん」で制限を作っている意味がなくなるので、ここは話を引き戻します。

「やっぱり関西はうどんなんですね〜。じゃあ蕎麦派はみんな関東?」とふると、「いやいやそういうわけではないけれど、東京だとやっぱりうどんより蕎麦の方がおいしいよね」など、いろいろ意見が出てきます。

どこどこの店がおいしいとか、何をのせるのが好きとか、それぞれが意見を言ったり、質問したり、体験談を話したり。どんどん枠が広がっていきます。

最初は蕎麦派かうどん派か答えただけなのが、「やっぱり本場の讃岐《さぬき》うどん」とか「出雲の割子《わりご》蕎麦」とか、エピソード付きで話してくれるのです。水面に波紋が広がるように、気がつけばみんないきいきと会話を楽しんでいます。もともと別のグループ、みんな初対面です(笑)。この流れになると会話が出尽くしたタイミングで、必ず誰かが「森田さんはどうですか?」と聞いてくれます。

ここで、僕のとっておきのエピソードを話します。

「こないだ香川に行ってん。車で1時間は走ったわ。なーんにもないところに小屋があって、小さく【うどん】って書いてたわ。お客さんぜんぜんおらんかってんけど、入って壁のメニュー見たら【180円！】。今時ペットボトルでもそれくらいするよな！　注文したら【自分で茹でて】やって（笑）！　初めてやで。六花界みたいに焼肉自分で焼く感じで、うどんセルフで茹でたの。ほんだら奥からおばちゃんが【ネギいるんやったら裏の畑でとっておいで】やって！　で、取りに行って刻んだよ！　それがめっちゃおいしかってん‼」

六花界での僕の役割は、たとえるならオーケストラのコンダクターのようなもので、一つの話題をこんなふうに共有し、まとめていくと場の一体感が一気に高まるのです。

そもそもお客様ごとにバックグラウンドも違うので、学生目線、女性目線、経営者目線、弁護士目線、音楽家目線、さまざまな個性があり、その中で一つのことを行うというのはいっそう仲間意識、一体感を強くすることができます。

この時の達成感が、僕の考える「新しい接客」の一つの形です。この達成感が生まれると、「またここで会いましょう」と言って、みなさん心地よくお帰りいただけます。

初めての方だと、一体感がありすぎて、誰がお客様で誰がスタッフかわからないかもしれません。

実はこれは正解で、うちのスタッフのほとんどが元お客様なんです。

開店当初、六花界を僕一人でやっている時、「アルバイトで入ってみたい」と申し出てくれる人が出てきて、驚きました。その時はいったん断ったのですが、よくよく考えてみると、「ありやな！」と思い、お手伝いしてもらうようになりました。彼は今ではうちの幹部です。

他にも、就職相談を受けているうちに「森田さんところで働かせてください」となったり、本当はバスの運転手したいんですけど、肉の仕事をずっとしてきたので、もう1年だけ森田さんとなら仕事してみたいので働かせてくださいって言って、もう4年いたりとか。

店舗が増えるにつれその数も増え、今ではスタッフのほとんどはうちの店の常連様です（笑）！　つまり経営陣はすべて「元お客様」なのです。

六花界は、それくらい密度の濃い空間なのです。

053

ちょっと先の未来を読み、いい展開にする

六花界には畳3畳もないスペースに、常時10~15名のお客様が肩と肩とが触れあう距離で焼肉をしています。

その中でお客様に心地よくいてもらうためには、想像力を働かせ、未来を予測することが必要です。ちょっと先の未来を予測して会話や状況を誘導します。

飲食店には不特定多数の人が来ますから、お酒が入ってくるとさまざまなハプニングが起こる可能性が増えます。

たとえばせっかく盛り上がっている時に、誰かが否定的な会話や過度な自慢話、他人の悪口を言って雰囲気を悪くすることってありますよね。本人に悪気がないこともあります。

こういった場合は、その人を見極めて、あらかじめ「上司の自慢話はつまらないよねぇ」とその人が自慢話をする前に釘を刺したり、「得も共感もしないツッコミは悪口だよね」と会話に笑いを交ぜながらそれとなく伝えたりします。

事前によくない流れを断ち切り、いい雰囲気にもっていくようにするのです。

また、会話が雑になったり、散漫になってきたら「今日のお肉の良いところを言い合う」「ハラミの焼き加減を討論する」「焼肉の部位を当ててみる」など、ある一定の時間だけ秩序が保たれるようなルールをその場で作って、会話や興味を集めることもあります。すると場が引き締まって、活気が出てくるのです。

つまり、**雰囲気作りとは「技術」**だということです。

人はさまざまですから、各々が好きなことを話せばどうしても不協和音が生まれてしまいます。ですから、場を切り盛りする立場として、オーケストラの指揮者のようにそっと強弱を添え、場の方向性を作るのです。

特に六花界は一斉にお客様が来店するわけではなく、誰かがふらっとやってきます。その場で臨機応変に対応ということも多いのですが、先にこんなケースがあるかもしれないと準備をしておくようにしておくことがとても重要です。

ではどうしたら、そうした予測ができるようになるか？

突き詰めると、それは情報の分析です。

たとえば、お肉を焦がしてしまう人、お店に忘れものをする人、「あのお客様、今日グラス割るなぁ」といったことは、お客様がお越しになられた時点でほぼ予測できます（笑）。

単純にお酒を飲みすぎているから、といったことではないのです。今まで蓄積してきたパターンから、表情や肌の色味、声のトーンやテンポ、細かい行動などから、その人が今日とりそうな行動がわかるようになってくるのです。

僕がかつてやっていた都市計画の仕事では、何もない田んぼの上に道路を引いて公園を作り、商業施設を誘致し、区画を整理した上で、誰もいなかった土地に何千人かが住むことを想像して、今はいない「未来に住んでいる人たち」が行動する動線を作り上げます。道路1本敷くにしても、その道路によって人の心理がどう行動に影響するかをさまざまな角度から分析して決めていきます。

しかし、何よりも大切なのは、「こうなるといいな」という理想を常に描きながら計画をしていくことです。その軸が計画にあれば、想定外のことが起きても信号を一つ作ったり、歩道橋を作ったり、道路を広くするなど、ちょっとしたことで解決することができます。

これは、雰囲気作りにも言えることなのです。

まず、どんなふうになるとベストなのか、自分の理想を頭に描いておいてください。その上で、お客様と接していきます。

理想的な展開になるようなポジティブな言葉を選び、このお客様は少しケアをしておいた方がいいと思ったら、気分や場の空気が壊れないような言い回しを選びます。

遠い1年後の未来を予測するのは難しいですが、1日後、1時間後と、近い未来になるほど予測しやすくなります。たとえば、3秒後のことを予測してくださいと言ったら、はずす可能性の方が少ないですよね。

近い未来のことを考えるというのは、想像というより、どんな行動を選ぶかという決断に近くなってきます。

つまり、このあと怒鳴るのか、笑顔を作るのか、小さい声で挨拶するのか、大きい声で元気に挨拶するのか。自分の選ぶ態度や言葉一つで、その後の展開が変わるのです。

未来は常に、現在における決断の連続の中にあります。

ですから、自分やお客様がどのような行動をとるとどのような結果になったかということをデータとして蓄積していき、その上で理想に近づける望ましい行動を繰り返していくことで、だんだんと遠い未来のことも予測がつくようになってくるのです。

【検証、六花界での会話の良い展開方法】

054

「肩書よりストーリー」の紹介術

自分のことをどう伝えるか、自己紹介で悩んだことはあると思います。しかし、自分のことだけではなく、他人の紹介となると、責任はもっと重大です。

最初の紹介の仕方一つで、仕事や縁談の成否を左右することはいくらでもあります。紹介のうまい人は感謝され、信頼を得ていくものです。

その点、僕が他のシェフより抜きんでて得意なのが「伝える力」かもしれないと思っています。経営者として講演会やトークイベントのお話も度々いただいており、ひょっとしたら「日本一しゃべる料理人」かもしれません（笑）。

そこで、ここでは自分が料理をする上で学んだ「紹介」の極意をお伝えします。

まず、ポイントの一つ目は、**「紹介する物事を好きになること」**です。

好きだから、誰かに紹介したくなります。そして紹介とはプレゼンテーション、つまり技術です。上手に伝えれば短時間で莫大な情報を伝えることができますが、ヘタだといくら時間をかけても伝わらないことがあります。

たとえば僕の紹介をしていただく時、「①あ、神田の立って食べる焼肉屋さんだよ」と言われるのと「②住所非公開、予約2年待ちのシェフです」と言われるのは、両方正解ですが、受け手の印象はぜんぜん違います。

前者の①だと経験上、「へー、そうなんだ」で終わってしまう。

その人のどこをどう切り取って伝えるかが紹介の醍醐味です。

紹介力の高い人は人の良いところを常に観察しています。コンパクトにインパクトを持たせて伝えることが技術。それは料理と同じで、「物事を切り取ってその断面を美しく見せる能力」です。

僕であれば、②のように紹介し、さらに「どうして2年待ちになったかというと〜」とストーリーを添えることで関係性の深さも伝えるようにします。

次に、**肩書やブランドに頼らないこと**です。

たとえば、居酒屋などで「○○産のまぐろです」と説明されることがあると思いますが、「○○産のまぐろ」では何も伝わりません。どんな海なのか、特徴や、なぜそこで捕れたことが素晴らしいのかなど、大事なのは肩書ではなくその内容なのです。

人を肩書で説明するのは簡単ですが、せっかく紹介するのだったら「自分が感じた魅力を、他の人にも伝える」ということを大事にしてみてください。

肩書を伝える場合でも、そこに行き着くまでに「何があったか？」を伝えてください。紹介する力があれば、する側もされる側も、自分自身がどんな大学を出たとか、一流企業に勤めたとか、有名人の知り合いだとか関係ありません。

ちなみに六花界をオープンした時の僕の自己紹介は、

「大阪から一人で出てきて友達もいませんが、お肉が好きなので、安く美味しく食べてもらおうと、立って食べる焼肉屋を始めました。発泡感のある日本酒と合わせるレバーがめちゃくちゃ美味しいので、一度来てみてください」

と言っていました。

見た目が9割とか初対面の印象をよくする方法論もありますが、何よりも的確な「紹介」に勝るものはないと思います。

新しい出会いが良いご縁になるように、ぜひ紹介の技術を磨いてください。みんなが紹介上手になれば、プラスの連鎖が生まれ世の中が断然明るくなります。

055

クリエイターも経営者になる時代、グラビタスを鍛える

「グラビタス（Gravitas）」という言葉をご存じでしょうか？

グラビタスというのは「難局で決断し、実行できる能力」のことです。「カリスマ性」に近い概念で、コロナ禍のような予期せぬ事態の中で、どうリーダーシップを発揮していくか、経営者やチームを引っ張る人には大切なものです。

グラビタスの要素を分解すると、**「①未来を予測する力」**と**「②伝える力」**の二つですが、実は比重が大きく難しいのが「②伝える力」の方です。

いくら素晴らしい考えや発想も、伝わらなければ価値を生み出せません。未来を変えることはできないのです。

しかし、もしも聞いた人がシンクロするくらい伝えることができればどうでしょうか。自分のやりたいことがどんどんやりやすく、実現しやすくなっていきます。

上手に伝えることは、道の説明と似ています。

道の説明が上手な人は、「このまままっすぐ進むと○○に行き当たるので、そこを左に曲がって……」と客観的にその場所の景色をはっきりと思い浮かべながら話すので、相手にも伝わります。一方、ヘタな人はあいまいな記憶の景色を自分の感覚で話すので、相手にも伝わらない場合が多いのです。

人に何かを伝えるというのは、自分が見ている景色を、相手の視点で考えて伝えるということです。

そして実は、話す内容だけではなく、**言葉の速度も重要です。**

たとえば、若い学生たちに話すなら声のトーンは高めに、テンポは速く、情報も多角的に詰め込みます。一方で会社の役員クラスの方々には、声のトーンは低く、一つひとつの言葉を丁寧に間を置きながら、ワンメッセージで伝えるようにします。

今までの時代はクリエイターと経営者は別々でした。

しかし、これからの時代では、自分が今考えていることをすると、「どうなるか」を伝える力が、より重要になるでしょう。

個人レベルでビジネスを始める時、その仕事を広める時、お客様や取引先に対してどう伝えることで自分の考えていることが伝わるか。そこに意識を向けられた人が壁を突破していくはずです。

第7章

コロナ禍の新たな挑戦「旅スル和牛」

056

牛と一緒に旅をした100日間

この書籍はビフォーコロナ時点で出版の予定が計画されていました。

しかし、2019年12月に新型コロナウイルス感染症が報告され、瞬く間にその猛威は世界中に広がりました。

2020年1月16日に日本国内で初めての感染を確認し、2月13日には初めて国内で死者が出ました。3月24日には東京五輪・パラリンピックの延期が決定され、4月には「緊急事態宣言」が全国に出され、人々の生活様式は大きく変わりました。

結果的に外食産業は大きな打撃を受け、関わる生産者、食品業界は大きな影響を受けました。

東京オリンピックが流れた影響は大きく、2020年に予想されていた日本の経済はまったく180度変わりました。

外食産業はと言えば多大なインバウンド需要を見越して食材の準備をしていたにもかかわらず、外国人はおろか各国家間の往来は制限され、外出自粛要請により国内の移動も制限され、街から人が消えてレストランには閑古鳥が鳴くほどの危機的状況になりました。和牛はといえば、食べる約3年前から育てられます。妊娠を含めるとそれ以上前から計画を立てます。

つまり、何年も前からオリンピック需要に合わせて育てられてきたのです。しかし、急に世界は変わってしまった。

牛は「経済動物」と言われ、生まれた日に大体の屠畜《とちく》の日が決まります。生まれた瞬間、すでに寿命を決められているのです。

その大切な命である和牛を食べる人がいなくなりました。誰も食べる人がいないまま屠畜を迎えることになった和牛であふれたのが2020年なのです。その和牛たちは、どうなったかご存知ですか？　鮮度の良い状態で食べてくれる人がおらず、冷凍庫に眠らせてしまったのが現実です。

そんな中、1頭の和牛「メロン」と出会いました。メロンの残りの寿命は100日しかありませんでした。

この状況が続けば、牛たちはどうなってしまうのか？　その生産者さんたちはどうなってしまうのだろうか？

僕はこの状況下で、一人の料理人として何ができるだろうかと考えました。

そこで選んだのは、この寿命が100日のメロンと「旅をする」ことでした。

なぜそんなことをしたのか？

新型コロナウイルス感染症が蔓延する中で、医療を除き特に問題が大きかった業種は「旅行」「飲食」「流通」です。そこで、この3つの業種をもう一度根底から見つめ直すことができないか考えました。

日本の食や流通についての歴史をあらためて調べていくと、意外な事実に気づきました。今から150年ほど前（明治初期）から鉄道によって都市間の移動や運送が可能になりましたが、それらの技術が生まれる前、運搬を担っていたのは牛だったということです。

牛は日本人の生活に密接な関係があり、また食肉としての役割も果たしていました。たとえば近江牛。その近江牛の運搬も徒歩で行い、山を南に下れば松阪牛に、琵琶湖を越えては神戸牛になっていったのです。

直近最古の記述としては「東海道を陸路を歩いて牛を追い、15〜16日かかって東京にたどり着きました。1882年（明治15年）神戸港から横浜港へ日本郵船の船にデッキ積みをして海上輸送が始まり、近江牛の販路は拡大されました」とあります。

流通は食生活の革命であり、そして牛は元々歩く生き物だったのです。

「和牛」という食文化が確立されてからは、牛は肥育という文化を作り上げ、まったく歩かなくなり、歩くことも忘れてしまっていますが、元々和牛はゆっくりとではありますが、力強く大きく歩き、人の生活の流通を支えた生き物なのです。

そこから着想を得たのが、「旅スル和牛計画」でした。

和牛メロンと、自分の故郷である大阪府から熊本県天草市まで、650キロを共に移動しながら（フェリー・トラックを活用し、実際の徒歩距離は400キロ）各生産者・各県農業高校の方々と交流をし、YouTubeで100日間の記録を残しながら「命のありがたさを知り和牛の素晴らしさを伝える」旅をすることにしました。

057

旅スル和牛でいただいた5つの指摘

牛の生産者さんたちを応援するため、また和牛の価値を高めるため、そして今料理人としてできることをするために始めた「旅スル和牛」でしたが、大きく分けて5つの問題を多くの方々からご指摘いただきました。

①なぜこんなことをする必要があるのか？

すべての食材には寿命があり、その途中で命を奪います。その命に敬意を払い、本当であればもっとたくさん生きられた命に感謝を捧げることをしたいと考えました。

ただ食事を消化してしまうことの多い日常を、このコロナ禍だからこそ「旅を通じて」食材のことを知るきっかけになればと思っています。

1頭の和牛の命が、さまざまな人々と触れあう中で、食事をするということがどういうことなのか、そのことを一人でも多くの人に知っていただけたらと考えました。

②残酷なのでは？

そもそも寿命の決まっている和牛。その月齢は30カ月で屠畜されることが一般的です。和牛として生まれてきた命は、いつか屠畜の日を迎えてしまいます。

常識が揺らぐような環境下だからこそ、しっかりと食材と向き合うべきだと考えました。マーケットに並んでいる食材には、生産者の気持ちが詰まっているということを知ってほしいのです。命をいただいていることを否定することは、今目の前の食事を否定することと同じです。

だからこそ、日本の農業・畜産業を支える農業高校や農大、各生産者の協力をいただきながら、この挑戦を進めていきたいと思いました。始める際には、WWF（世界自然保護基金）や各動物保護団体に今回の趣旨を説明しています。

③マネタイズはできるのか？

和牛はセリの時にいくつかに分類されるのですが、一番高値の付く「雌牛《めうし》の未経産牛」部門だと1頭の平均販売価格は100万円程度です。

今回旅したメロンは経産肥育牛（出産を経験している和牛）で、この部門では40万円程度が平均的です。

結果から言うと、メロンは２０２０年（令和2年）最高額の和牛となり、経産肥育牛部門では黒毛和牛の史上最高金額となりました。内臓を含まない金額で５２８万円、内臓の金額を含めると７００万円以上になります。クラウドファンディングを活用し、約４００名の方々に応援をいただきました。

通常、牛肉の価値はとれるお肉の量が多いほど良いとされているので、歩くことで体重が減るというのは、本来好ましいことではありません。応援者が増えるほどそれぞれの取り分が減ってしまうという画期的な仕組みにもかかわらず、多くの方々に温かいご支援をいただきました。その利益は熊本県天草市に災害義援金として納めさせてもらいました。もちろん金額だけではなく、メロンは１４０年ぶりに長距離を移動した、歴史上初の和牛にもなりました。

その他にも、60日間という旅の中で人間と寝食を共にし、通天閣、原爆ドーム、海や山、市街地を歩き回り、歴史上初めて神社で四つ足動物の祈祷をしていただきました。

応援いただいた皆様にはその映像を一緒に見ていただき、メロンはどの牛よりも愛情をかけられた牛だったと思います。

④さばいた牛はどうした？

田中畜産と共に、一夜限りの食事会を開催しました。東京からのお客様と生産者をお招きし、天草市役所にも快くご協力をいただいて開いた会です。参加者それぞれがメロンへの感謝を捧げながら、最後まで命を美味しくいただきました。

さらに、農業大学と株式会社アイシーに検体検査を依頼し、同時期に屠畜した別の肥育のみの牛を（B）として、その成分の分析を行いました。

その結果、メロンのお肉はA－5黒毛和牛雌牛を上回る旨味の分析結果を達成することができました。この情報は論文としてデータを残しています。

⑤美味しいのか？

分析検査での結果のように味に間違いはありません。とても美味しいお肉です。しかしそれ以上に、この旅を知った人が食べるメロンは、きっと特別に美味しいものだと感じていただけたと思います。

僕自身、メロンと旅をする中で彼女の気持ちの変化を感じましたし、「牛もまた人間の気持ちをわかるのでは？」と感じることが多々ありました。

一緒に音楽を聞いたり、昼寝したり、走ったり。もちろん道中にはトラブルもありましたが、何かを一緒にしていくたびに信頼関係が生まれ、直接言葉は交わせなくともだんだんと意思疎通がとれるようになっていきます。

メロンは僕たちが食べている牛さんの代表として、その命をまっとうしました。

旅の様子はこちらのYouTubeにて記録をしています。

【旅スル和牛】

058

生産者の顔がわかるものを食べるということ

元来、野菜も食肉も目で見て「腐ってないな」とか「艶《つや》が良いな」とか言って選んでいたのですが、そのたびに何を食べようかとこだわっていると、他の仕事ができなくなってしまいます。だから料理をシステム化して、お金を得て食事を提供する「飲食店」ができたのです。

飲食店が食べる人の代行をし、食材を仕入れ、飲食店の中で競争することで調理の技術も進化させてきました。時代とともに分業が進み、山で山菜を採るプロや海で魚を捕るプロ、畜産業も始まりました。そうして今の食文化ができてきたわけです。

ところが、コロナの影響で、レストランはおろか青果店・道の駅・スーパーマーケットにも食材がぜんぜん並ばない時期に僕は旅をしました。

食事はというと、カセットコンロを一つ持って、中華鍋をぶら下げて、食材はたまたま出会った人に分けてもらったり、たまに見かける露店で購入しました。

出会ったある人は、畑のエンドウ豆を指さして「ちょうど食べごろだから持っていっていいよ」とか、「農薬をかけてないからそのまま食べられるよ」とトマトをいただいたりとか、たくさんの出会いがありました。時にはその場で乾麺を湯がいてお料理にして、食材をくださった方々にシェフとしてお料理を振る舞ったり。本当に最高の生活でした。

その楽しさは、たとえるなら英語ができずに外国に行くのも楽しいけど、英語ができるともっと外国が楽しいみたいな感じ。何よりの発見は、毎日ご飯を食べる時に、その食材をくださった人の顔が浮かんできたことです。

果たして今、どれだけの人が、自分の食べる食材が、作った人の顔がわかるものを食べているでしょうか？　たとえば東日本大震災の時も、顔が見えるから、日本に来たことがあるから、海外のアーティストはたくさんの義援金を出してくれたはずです。

現代社会の中で、僕たちは自分が食べているものを作ってくれている人のことを知らず、手間や時間を減らし、効率的にすることばかり考えてしまいます。

毎日とは言いません。年に1度でいいので、どこかで何か作っている人に会ってみてください。そして、その食材を食べてみてください。味や香りなど、食材のことを強く意識するでしょうし、いつもと違う感動があるはずです。

059

生き物を食べるということは残酷なことなのか？

人間は他の生物と比べると環境に弱い生き物で、衣食住が整っていないと快適に暮らすことができません。しかも、数時間おきに補給しなければ生きるための栄養価を補うことができないのです。

ただ、知恵によってその不利を補い、食材を保存したり運搬する技術を開発して、ようやくこの長寿と健康を手に入れることができています。

そんな社会の中で、僕たちの多くが見て見ぬふりをしていることが、「何かを殺して食べている」という事実です。このことはモラルや思考においてはグレーゾーンで、あまり大きな声で語れないのですが、確実に何かを殺して食べています。

たとえば豚であれば、屠畜場の屠場通路に進み、囲いゲートから鼻先を突き出した瞬間、係の人が片方の耳を掴んでこめかみにスタンガンを当てます。

声にならない音を発声し失神した豚は、糸が切れたようにその体重を支え切れずに地面に落下します。すると、別の係の人が電気メスで喉からろっ骨を断ち割り、心臓を真っ二つにします。その衝撃で失神から覚めた豚は横になったままバタバタバタと四肢を振り、腸があふれ出て、血が飛び散ります。瞬間、「命」は「肉」になります。

僕の出会った和牛「メロン」もそのうちの一つの命です。

メロンとの旅でたくさんの人が応援をしてくれたのですが、中には否定的な意見もありました。その内容というのが、

「最後は殺して食べるんでしょ、残酷な！」

といったご意見でした。

では、その方に「お肉は食べないんですか？」と聞くと、「食べる」と。

そのようにおっしゃる方の気持ちもよくわかるのです。

ただ、もし食のシステムがなければ、肉や魚を食べたい時は自分で殺さなくてはいけません。凄惨《せいさん》な作業を誰かが行ってくれているから、食卓にお肉があるのです。

僕たちは働いてお金を稼ぎ、そのお金で食材を買うということがあたりまえです。目をそむけたくなるようなことは裏で誰かがやってくれていて、お店やスーパーできれいになったものだけを見ています。

つまり、「２段階のライフロンダリング」みたいなことが発生していて、社会や親が「殺

すこと」をクリーンにしてくれています。それを料理人や親がごく普通に食卓に料理を並べることで、僕たちは安心して、殺すこととは切り離して食べます。

だから、「殺して食べるなんて残酷だ」という発想になってしまうのです。

もちろん、人間は罪深い生き物なんだ、殺せない人間は肉を食べてはいけないんだとは言いません。

繰り返すようですが、**僕たちは他の命をいただいているのです。そのあたりまえのことを思い出すことで、いつも無感動に食べている食事にも命やストーリーがあったことがわかります**。そこで初めて、本質的な感謝をすることができます。

僕たちは食べなければ死ぬのです。だからこそ、いただく命には感謝をしたいです。

そして屠畜をしてくださっている方々にも敬意を払っていただきたいと思います。

そんなあたりまえのことが、今の世の中ではきれいに隠されてしまっているのではないかというのが、僕の伝えたいことの一つなのです。

060
いただきますの意味

日本には「おまじない」のような言葉があります。

「いただきます」

幼い頃から食事の最初にこの言葉を使ってきましたが、いつから「いただきます」が広まったかは定かではありません。確認できるものでは1934年（昭和9年）「ご飯はいただきますで始め、ごちそうさまで終わりましょう」（ハイハイ学校提唱講話）の中での記載は確認されているのですが、日本が軍国化する以前は一般的でなかったようです。

「いただきます」＝「さぁ食べましょう」の意味なのですが、本当の意味は、

①食事に携わってくれた人への感謝

②食材の命への感謝

が込められた言葉が「いただきます」です。

応える料理人は「召し上がれ」と言いますが、「召し上がれ」は「飯（めし）＋上げる（尊敬語）」から由来する言葉で、やはり「いただきます」は「①食事に携わってくれた人

への感謝」の意味が強かったのだと思います。

事実、昔の日本人は、稲を育てて米を炊き、秋に収穫した木の実を貯蔵し、季節に応じて山菜や魚介類を採り、保存するために独自に発酵技術を研究していました。

外食といえばたまのご馳走で、食材よりも「①食事に携わってくれた人への感謝」のための「召し上がれ」だったのです。

しかし、禁忌《きんき》だった四本足の動物が食されるようになり、流通や保存技術も革新的に向上し、外食自体が日本産業を支える要の一つとなりました。

僕たちの食生活は大きく変化し、特に僕が携わる食材たちは、元々は「命」そのものであり、人間が奪った命が食材へと変化したもの。間違いなく「命の切れ端」なのです。

だからこそ**僕が考える「召し上がれ」は「命よ、天に召し上がれ！」**なのです。

そんな思いも、「旅スル和牛」を始めた理由の一つにあります。

というのも、もともと僕には、ずっと消えないわだかまりのような疑問がありました。

それは、「命をいただく瞬間」はどこにあるのか？　ということ。

それを知るために、宮崎の口蹄疫《こうていえき》の時に殺処分をした人に会いに行き、屠畜士さんにも話を聞きました。牛の出産にも立ち会いました。

僕たちは、むやみやたらに非衛生的に動物を殺すことは許されていません。

だからこそ、彼らとの出会いは大きな非日常を知ることになりました。最初に衝撃を受けたのは屠畜士さんとの出会いで教えていただいたことです。

屠畜は生々しく、命を奪うことと同時に差別の歴史も知ることになりました。

「ケモノの皮を剥ぐ報酬として、生々しき人間の皮を剥ぎ取られ、ケモノの心臓を裂く代價として、暖い人間の心臓を引裂かれ、」

1922年（大正11年）3月3日、全國水平社創立大會の一文です。

現代語にすると「牛の死体の処理をさせられ、その皮をはいで心臓を裂く仕事をした代わりに、我が身の皮をはぎ取られ心臓を引き裂かれるような、差別を味わった」ということです。

お肉は誰かが僕たちのために屠畜してくれています。日本はこの部分はブラックボックスで、一般教育の中には含まれていません。

差別や歴史的事実があって現代の食文化が成り立っているのです。

しかし、当時の僕を含めたほとんどの料理人がこの事実を知りません。

「食材を扱っているにもかかわらず、食材のことを日本人は知らなさすぎる」

そして、このままでは良くないと思い、2012年（平成24年）から僕は毎年、釧路に鹿の狩猟に行っています。

マタギで生計を立てている中川登さんとはもう10年のお付き合いです。

白銀の世界に一瞬だけあらわれる鹿。その瞬間、首元を狙って一発で仕留めます。心臓は血液を送る機能をやがてなくし、電気信号だけで動き、そしてゆっくりと止まっていく。首を落とし、皮をはぎ、吐く息が白くなるほどの気温の中、内臓と肉を解体していきます。自然の摂理ですが、雌鹿には子どもがいることもある。

最初は涙が止まりませんでした。そして、狩猟者と僕との間には深い溝があるように感じました。

それでも翌年も、また翌年も僕は狩りに出ました。僕は、技術のためだけに食事を追求したくありません。僕が追求したいのは、「命のやり取り」です。

そこで僕はある年、命に向き合うために自然の中に祭壇を作り、祭壇に狩猟した鹿の命を捧げてみました。捧げた命はどうなるのか、自然に委ねてみたのです。

翌日の祭壇にあったのはうっすらときれいな雪化粧をした鹿肉でした。自然の中で鳥や野獣に喰われることもなくきれいな状態でそこにありました。

尊かった。

これが人のお祭りの起源なのかなとも思いました。食材に感謝し、その命に向き合い、触れ、そうしてやっと僕はシェフとしてその命を扱っていいのだと感じました。

「命をいただきます」

僕は山の大地が恵んでくれたこの命に対して、いったん自然と向き合う瞬間が命をいただく瞬間であると考えます。

生きるとは、生きている命をいただくことです。

今日も僕は包丁を手に取ります。そして、手を合わせて言うでしょう。

「いただきます」と。

その意味は「命をいただきます」であってほしいというのが僕の思いであり、願いです。

その記録の一部をYouTubeに残しています。

【命と食材の境界線】

061

人生は導き合い、続いていく旅そのもの

さて、いよいよ最後になりますが、最後に「旅スル和牛」で一緒に旅をしたメロンとのその後の話もさせてください。

100日間をともにしたメロンの命に感謝をし、彼女の一生に思いをはせながら、最後に僕たちはメロンの命を美味しくいただきました。

情が湧いてつらくはなかったのか？　と聞かれることがあります。

ハッキリ言えば、めちゃくちゃつらかったです。柵の外に出て、一緒に寝食を共にした人生のパートナーですもの。僕自身、あれだけ牛と一緒にいたことはありませんし、あれだけ人に懐いてくれた牛さんも他に知りません。

本当に濃密な日々で、本当に特別な存在だったんです。かわいくないわけがありません。

屠畜の前には、何度も逃がそうとも考えました。

だから、プロジェクト自体がうまくいったことはとても喜ばしいことではあったのです

が、そのあと実はかなり落ち込んでしまいました。命をいただくということの重さは想像以上で、すっかり打ちひしがれてしまったのです。食事も喉を通りませんでした。

ですが先日、牛飼いの友人から1本の連絡が来ました。

「旅スル和牛は終わってなかったよ」と。

「え？　どういうこと？」と聞くと、「メロンの娘が見つかった！」と。

詳しく聞くと、友人は普段熊本の牧場で牛を育てているのですが、遠征でたまたま岡山県の生後10カ月の牛のセリ市に出かけたところ、１００頭ほどいた牛の中で、たった1頭「これは素晴らしい！」と思う牛がいたそうです。

どんな血統なんだろうと登記血統書を調べてみると、母の名は「メロン」でした。しかし、メロンという名前の牛は全国にたくさんいます。が、友人はまさかと思って個体識別番号を調べると、そのメロンは、たしかに僕たちが旅をしたあの「旅スル和牛」のメロンなのでした。

つまり、天文学的な確率で、一緒に旅したあのメロンの娘の牛が、たまたま出かけたセリで、たまたま見つかったのです。

でも、僕はメロンに娘がいたなんて知りません。

どういうことなのか確認してみると、実はもともとメロンを育てていた肥育農家さんがメロンは血統がとても良かったので卵子を冷凍凍結して保存していたそうなのです。そして、また優秀な精子を受精させ代理出産させた。

つまり、人工授精で生まれたメロンの子どもだったというわけです。

本当に驚きました。

そもそもその友人がセリに出かけていなかったら？　友人が100頭いる牛の中で、彼女を見つけていなかったら？　そもそも、人工授精は失敗することも多々ありますから、その子が生まれていない可能性だっていくらでもあったわけです。

これは何かの運命に違いないと思い、「いくらでも出すからその子を買ってほしい！」と伝えました。

そして無事購入できたその子に、この前初めて会ったんです。名前は、「はつめろ18」こと「子メロン」。

これまた驚いたのですが、とにかく人懐っこいんです。びっくりするくらい。まるでメロンと同じような甘え方でした。顔も似てる。「子メロン」の後ろにはメロンがいた気がします。もしくは僕の後ろにいた気がします。

人生というのは本当に不思議なことが起きます。

僕らの人生というのは、思いや願いによって、論理的には説明できない何かに導かれているのかもしれないと思うことが多々あるのです。僕自身、そうした思ってもみなかった縁のつながりで今がありますし、今の命があります。この本を手に取っていただけたことも含め、人生は命と命とがつなぐ旅、と言ってもいいものなのかもしれません。

「子メロン」は、メロンのように食肉にはせず、子を産み、純粋に牛としての一生を終えてもらえればと考えています。旅スル和牛プロジェクトは、あらためて命を大切にすることを考え、僕の今後の人生において本当に大事なことを教えてくれたプロジェクトとなりました。

【旅する和牛最終日】

おわりに

皆様！　最後まで読んでいただいてありがとうございました！

本書には、自分がやってきた飲食店のこと、そのアイデアの秘密やそれを実現させる方法、そして普段からの習慣や思考法、お店ではお話ができない経営者の視点など、多岐にわたり書かせていただきました。

僕がただただ一貫して言いたいことは一つで、「なりたい未来に、まずは一歩踏み出してください！」ということです。その思いに人は共感し、縁がつながっていき、人生に新たな可能性が生まれていくのだと僕は信じています。

当然、僕も未来に走ります。僕の料理人人生は遅いスタートでしたが、今まで世の中に作ったプロダクトは立ち食い焼肉・階級制（会員制）レストラン・日本酒と和牛の文化・プロジェクションマッピングと料理・VRと食の提案・日本酒吟醸熟成肉・ミートキープ・世界最高額の地球移動式日本酒醸造・発酵研究所・第12代酒サムライ叙任・料理マスターズ叙任・旅スル和牛プロジェクト・自社ブランド和牛の開発等と活動の幅を広げてまいりました。

たくさんの調理法や、アプローチの手段を開発してまいりましたが、この技術は社外に出ることはありませんでした。今後はこの技術をたくさんの方々の食生活に役立てるように新しいチャレンジをして広める機会を作りたいと考え、その技術を応用したフランチャイズ展開も開始いたしました。

併せて、念願だった酒販免許も取得することができました。

酒蔵は決して近くありません。ＶＲを使い、日本酒が生まれる酒蔵を３６０度空間転送するシステムを使い酒蔵と飲み手との距離をゼロにした日本酒プロジェクトを海外にも展開するためです。

①どんな人が造り、②どんな環境で生まれ、③どんな工程で造られるのかを最新技術を駆使して知ることが、食や人、地方への大きなアプローチの新しい手法だと考えています。まだまだ他にも続けます。今は南米に向けて新しいチャレンジを行っている最中です。近い将来、皆様に報告できるようにがんばります。

今後も新しいチャレンジを続けるにあたって、きっとこの本を読んでいただいた皆様の力も借りる必要が出てくると思います。その時はぜひ力を貸してください！

末筆になりますが、本書を執筆するにあたりまして、多くの皆様にお世話になりました。

僕をシェフにしてくださった山田宏巳シェフ、ボクシングの師匠の宮田博行会長、ダイヤモンド社でこの本を担当していただいた土江英明さん、そして六花界グループのスタッフの仲間、六花界を支えてくださったすべての方々に感謝を伝えたいと思います。育てていただいてありがとうございます。

素晴らしい未来へ　ＥＮＪＯＹ！

２０２１年10月吉日　森田隼人

［著者］
森田隼人（もりた・はやと）
1978年大阪府生まれ。大学卒業後、建築会社を経て25歳で国家資格を取得後、独立。デザイン事務所「m-crome」を設立。その後公務員を経て、2009年に東京・神田ガード下に「六花界」をオープン。「初花一家」「吟花」「五色桜」「TRYLIUM」等、出店した全てのレストランが多くのメディアに取り上げられ「肉と日本酒」文化を広めた。全店舗が予約が取れない名店となるばかりか、日本初となるプロジェクションマッピングを活用したレストラン「クロッサムモリタ」は建築家としても、クリエイターとしても、一つのエンターテインメントを確立した。さらには日本酒吟醸熟成肉（特許庁商標権取得済）等の調理技術も発明している。日本酒活動で功績が認められ「第12代酒サムライ」に叙任。世界初の移動式醸造発酵を考案し、「十輪～旅スル日本酒」は、オークション世界最高額である440万円の値段を記録した。また2020年農林水産大臣より「料理マスターズ」として顕彰。東京唯一の顕彰者として注目を浴びる。また、プロボクサーやモデル（ユニクロ等）の一面も持つマルチクリエイター。現在自身のブランドでのフランチャイズ展開を進めている。

2.2坪の魔法

2021年11月16日　第1刷発行

著　者――――森田隼人
発行所――――ダイヤモンド社
〒150-8409　東京都渋谷区神宮前6-12-17
https://www.diamond.co.jp/
電話／03･5778･7233（編集）　03･5778･7240（販売）

装丁・本文デザイン―中井辰也
カバー撮影――――榊智朗
校正――――――聚珍社
製作進行――――ダイヤモンド・グラフィック社
印刷――――――ベクトル印刷
製本――――――ブックアート
編集協力――――下松幸樹
編集担当――――土江英明

ISBN 978-4-478-10907-6